네가 나보다
잘 살았으면
좋겠다

네가 나보다
잘 살았으면
좋겠다
세상 모든 딸과 아들에게

초판 1쇄 발행 2020년 11월 30일
2쇄 발행 2021년 01월 27일

제작총괄 대승불교 양우회
지은이 박윤미
펴낸이 장현수
펴낸곳 메이킹북스
출판등록 제 2019-000010호

디자인 안영인
편집 안영인
교정 안지은
마케팅 오현경

주소 서울특별시 금천구 가산디지털1로 142, 312호
전화 02-2135-5086
팩스 02-2135-5087
이메일 making_books@naver.com
홈페이지 www.makingbooks.co.kr

ISBN 979-11-91014-57-0(03810)
값 14,800원

ⓒ 박윤미 2020 Printed in Korea

잘못된 책은 구입하신 곳에서 바꾸어 드립니다.
이 책의 전부 또는 일부 내용을 재사용하려면 사전에 저작권자와 펴낸곳의 동의를 받아야 합니다.

이 도서의 국립중앙도서관 출판예정도서목록(CIP)은 서지정보유통지원시스템
홈페이지(http://seoji.nl.go.kr)와 국가자료공동목록시스템(http://www.nl.go.kr/kolisnet)에서
이용하실 수 있습니다. (CIP제어번호 : CIP2020049378)

메이킹북스는 저자님의 소중한 투고 원고를 기다립니다.
출간에 대한 관심이 있으신 분은 making_books@naver.com으로 보내 주세요.

박윤미 지음

엄마와 아들, 딸이 나누는 대화를 통한 삶의 이야기

네가 나보다 잘 살았으면 좋겠다

세상 모든 딸과 아들에게

막막한 청춘을 위한 엄마의 처방전
**서두르지도 말고, 너무 늦지도 말고
오늘, 지금, 여기서 마주하는 인생 질문**
어른이 되어가는 자녀에게 들려주고 싶은 오롯한 삶의 비밀들

메이킹북스

/ 목 차 /

• 프롤로그　　　　　　　　　　　　　　　　　　　　6

오늘, 삶이 막막한 너에게

스펙용 봉사활동이 의미가 있을까요?　　　　　　　12
무슨 꿈을 가져야 할지 모르겠어요　　　　　　　　18
한 번뿐인 인생, 즐기고 사는 게 최고 아닌가요?　　24
결혼! 꼭 해야 하나요?　　　　　　　　　　　　　　30
성형수술, 해야 할까요?　　　　　　　　　　　　　36
남자는 되고, 여자는 안 되나요?　　　　　　　　　41
사랑하는 사람과 오랫동안 행복할 수 있나요?　　　48
가족인데 왜 서로 괴롭힐까요?　　　　　　　　　　55
사랑한다면서 왜 괴롭히나요?　　　　　　　　　　62

지금, 길을 잃은 너에게

혐오와 증오는 어디에서 비롯되나요?　　　　　　　72
학식과 인품은 별개인가요?　　　　　　　　　　　78
누구나 공평한 기회를 누릴 수 있는 세상은 없나요?　86
법 앞의 평등은 불가능한가요?　　　　　　　　　　93
목숨마저도 불공평한 세상인 것 같아요　　　　　　98
자살하는 사람이 너무 많아요　　　　　　　　　　103

여기, 세상을 바라보는 너에게

무소유는 가난한 건가요?   110
기도하면 원하는 대로 이루어지나요?   116
아픈 사람들이 종교를 많이 찾던데요   124
영원한 행복은 어떤 걸까요?   131
만들어 놓은 형상에 빈다고 소원이 이루어지나요?   140
잘못된 믿음은 이성을 마비시키는 것 같아요   145
지옥은 나쁜 사람들만 가는 곳인가요?   154
신이 우리 문제를 전부 해결해 줄 수 있나요?   162
종교를 과학으로 입증할 수 있나요?   169

다시, 거울 앞에 선 너에게

삶은 즐거움보다는 괴로움이 더 많은 것 같아요   176
진짜 나다운 게 뭘까요?   183
지금 이 순간을 잘 살려면 어떻게 해야 하나요?   189
왜 내 마음을 들여다봐야 하나요?   196
살려고 노력하느라 진짜 살 시간이 없는 것 같아요   202
오늘 하루는 모든 것을 바꿀 수 있는 기회란다   209

• 에필로그   216

프롤로그

삶은 종종 내 뜻과 상관없이 엉뚱한 방향으로 흘러간다.
이상형과는 거리가 있는 배우자,
예상치 못한 직업,
꽃길인 줄 알고 가보니 가시밭길 등….

적어도 나는 그랬다.

돌도 안 된 아이가 폐렴으로 입원한 병원 침대 맡에서 혈자리를 외우게 될 줄 몰랐다. 시어머님을 모시고 3남매를 키우며 떠들썩하게 살 줄 몰랐다. 피하고 싶은 순간도 있었지만, 헤쳐 나가는 맛도 있었다. 불법(佛法)을 배운 덕분에, 파도에 휩쓸려 피폐해지는 대신 파도타기의 묘미를 즐기며 살아올 수 있었다.

이제 내 아이들이 성년(成年)이 되었다. 부조리해 보이는 세상, 이해되지 않는 현상, 온갖 차별들이 눈에 들어오는 모양이다. 세상 앞에서 고뇌하는 아이들에게서 20여 년 전의 내 모습을 본다. 청춘은 아름답고 찬란하지만, 혼란스럽고 막연하기도 하다. 눈에 보이는 현상만으로는 세상에 대한 의문을 풀 수 없다. 육안(肉眼, 육신의 눈)이 아닌 혜안(慧眼, 지혜의 눈)에 의지해야, 보이지 않는 세계를 이해할 수 있다. 불교는 지혜(智慧)를 배우는 종교이다. 작은 지혜만 터득해도, 이해력과 문제 해결력이 일취월장한다.

불교를 먼저 공부한 선배로서, 세상의 풍랑을 앞에 둔 청춘들에게 부처님 법을 소개하고 싶었다. 또한, 불교에 막연한 관심이 있지만 미처 배울 기회를 갖지 못하고 살아온 분들께 불교를 알리고 싶었다. 반야심경, 금강경 등에 대한 강의나 해설서는 많지만, 그런 어려운 경전은 우리 같은 일반인들은 단박에 알아듣기 힘들다. 사칙연산을 모르면서 미적분을 배울 수 있을까? 사칙연산에 해당하는 불교의 기초에 대해 이해하기 쉽게 말해 주고 싶었다.

한때, 불교를 막연히 싫어하던 때가 있었다. 어릴 때 어머니 손에 이끌려 절에 가곤 했는데, 절 입구에 사천왕 모습부터 무시무시했고, 스님들 표정은 엄하고 고독해 보였다. 중학생이 되고부터 절에 갈 일이 없어졌지만, 어머니는 늘 초하루, 보름, 백중 등에 절에 다녀오셨다. 어떤 날은 가족을 위해 108배를 하셨다고 하고, 어떤 때는 이사 갈 날

짜를 받아 오시기도 했다. 우리 남매 중 누군가가 고3이 되면 엄마는 절에 더 자주 가셨다. 스님께 그해의 입시 운도 묻고, 심지어 진로까지 물어보시는 눈치였다. 당시에 나는 절과 철학관의 차이가 무엇인지 궁금했다. 절은 집안 잘되라고 기도하면서 절만 하는 곳이라는 생각도 들었다. 게다가 불교 국가들은 경제적으로 열악해 보였고, 산속의 사찰은 문화재나 관광지 정도로 보였다. 허블 망원경으로 우주를 관찰하고, 우주탐사를 나서는 시대에, 산속 불교는 시대에 뒤떨어진 박제된 종교 같았다.

그러던 중, 나름 잘 나가던 삶에 제동이 걸렸다. 어느 날부터, 먹고 자고 소화시키는 기본적인 생명 활동이 제대로 되지 않았다. 병원에선 검사결과는 정상이라는데, 체중이 급격하게 감소하고 온몸이 아팠다. 일상이 어려울 정도로 쇠약해졌다. 이 시기에 불교를 만났고, 처음에는 기복하는 마음으로 부처님께 의지하게 되었다. 하지만 불교는 무언가를 바라는 기복의 신앙과는 차원이 달랐고, 근본적인 가르침을 주는 진정한 종교라는 것을 차츰 알게 되었다.

나에게 젊은 날의 병고(病苦)는 걸림돌이 아니라, 오히려 축복이었다. 불교를 기초부터 체계적으로 배울 수 있는 기회를 얻었기 때문이다. 배울수록 놀랍고 당혹스러웠다. 기존에 알고 있던 불교는 나 혼자 만들어낸 편견 덩어리에 불과했다. 전에는 불교를 제대로 배우려면 세상을 등지고 산속으로 들어가야 하는 줄 알았다. 그러나 불교는 세상 속에서 사랑과 성취를 즐기면서도 진리에 이르는 길을 가르쳐주는 종교였다. 이토록 경이로운 불법(佛法)을 함께 나누고 싶다.

이 이야기들은 위대한 부처님의 지혜를 모두 담아내기에는 턱없이 부족하다. 불교에 대한 호기심을 가지고 한 발 내딛고자 하는 분들에게 불법의 진리로 향하는 길로 안내할 수 있는 길잡이가 된다면 더 바랄 것이 없다. 나의 아이들과 함께 나누었던 이야기들로 많은 분을 만나게 될 것을 생각하면 가슴이 벅차오른다. 이 책을 읽는 모든 분이 마음속에 불법의 진리와 자비의 꽃이 피어나 불법을 만나는 소중한 계기가 되기를 빌어 본다.

오늘, 삶이 막막한 너에게

엄마&아들

스펙용 봉사활동이 의미가 있을까요?

🔊 3학년 되니까 친구들이 취업 얘기를 많이 해요. 취업하려면 8대 스펙이 필요한데, 그중 하나가 봉사활동이래요. 전 봉사활동이란 말이…. 어쩐지 느낌이 별로예요. 중학생 때부터 봉사 시간을 채우려고 의무적으로 해서 그런 것 같아요. 고등학교 때는 대학 입시를 위해 봉사활동을 다녔고, 이제는 또 취업을 위해 봉사활동을 해야 한다니…. 봉사가 가치 있는 일이라는 것을 알고 있지만, 이렇게 점수 따기 위한 수단으로 해도 되나 싶어요.

🔊 엄마 역시 어려웠어. 봉사 시간을 채우는 것을 같이 고민하고 직접 찾아주기도 해야 했으니까…. 봉사활동을 해야 할 곳을 찾느라고 힘들었던 기억이 나. 연탄 봉사 같은 인기 종목은 경쟁이 치열해서 뚫고 들어가기 어려웠어. 요즘엔 연탄 쓰는 집이 적으니까. 많은 아이들이 동시에 갈 수 없잖아. 간신히 연탄 봉사 자리를 얻어서 엄마랑 같

이 연탄 날랐던 일 기억나지? 얼굴과 옷이 온통 새까매지고, 너는 연탄을 처음 본다며 신기해하고….

그런데 엄마가 더 신기했던 건 우리가 연탄 날라주었던 집의 반응이었어. 처음에 엄마는 도움을 받으면서도 고마움은커녕 고압적인 어투로 우리한테 이래라저래라 하는 모습이 이해가 안 갔어. 나중에 알고 보니, 워낙 그 동네로 연탄 봉사 오겠다는 학생들이 많아서 당신들이 너희에게 봉사 점수를 준다는 자부심이 크다는 거야. 게다가 연탄 한 트럭 나른다고 학생들 수십 명이 떼로 몰려와서 시끄럽게 하니 귀찮기도 했을 거야. 그야말로 주객이 전도된 거지. 그래서 엄마는 너희 '봉사활동'을 '체험 활동'으로 생각해버렸어. 앉아서 책만 보는 것보다 봉사라는 명분으로 각종 체험을 하는 것도 괜찮은 일이라고 생각한 거지.

엄마가 긍정적으로 보려고 노력하신 건 알겠지만, 합리화했다는 생각도 들어요. 그렇다면 봉사활동은 뭐죠? 진짜 연탄이 필요한 분들께 연탄을 배달하는 게 봉사라고 생각해요. 그리고 연탄뿐 아니라 청소, 재능 기부 등 상대가 필요로 하는 것을 나누는 것이 봉사가 아닐까요?

그래, 맞아. 그런데 봉사에도 단계가 있다는 걸 알아둬야 해. 음식이나 옷, 약품 등을 주는 건 가장 낮은 단계의 봉사에 속해. 물론 기아에 시달리는 아이들이나 재난을 당한 이웃들에게는 당장 필요한 음식과 약품을 공급하는 일이 매우 시급하지. 하지만 이런 일차원적 봉

사로는 한계가 있어. 이보다 한 차원 더 높은 봉사는 어려운 사람들이 스스로 일어설 수 있도록 돕는 거야. 만일 누군가에게 계속 무상으로 돈만 주면, 그는 평생 게으름뱅이로 살 수도 있어.

🎧 물질적 도움은 상대를 망칠 가능성이 있군요. 하지만 상대의 생각을 바꿔주는 건 더 어려운 일 같아요. 아마 돈 주는 것보다 몇 배, 훨씬 더 어려울 것 같아요.

🎧 물론이지. 혹시 호주 정부의 원주민 말살 정책을 알고 있니? 원주민들에게 실업자 수당과 연금을 백인의 2배로 준 거야. 그 결과는? 일하지 않아도 돈이 들어오니까 원주민 청소년들은 학업을 포기했고, 할 일이 없으니까 마약과 알코올 중독이 늘어갔어. 심지어 원주민은 도둑질하거나 마약을 해도 처벌하지 않았대. 결국 그들의 수명은 백인들의 절반으로 단축되고 말았고, 지금도 원주민은 계속 줄어들고 있어. 무서운 일이지. 이건 극단적인 예일 수도 있지만, 네가 앞으로 누군가에게 물질적 도움을 주고 싶을 때, 그게 진정으로 상대를 돕는 건지 잘 판단해야 할 거야. 그리고 상대에게 자립 의지를 심어주는 건 연탄 봉사보다 최소한 10배는 더 어려운 일이야. 상대에 대한 깊은 사랑이 있어야 하고, 현명한 방법을 찾아야 하고, 또 기다려 줘야 하니까.

🎧 도움을 주려고 한 게, 오히려 해를 입힐 수도 있겠네요…. 그동안 봉사를 너무 단순하게 생각해왔던 것 같아요.

🗨 그래, 봉사는 결코 쉽지 않아. 그런데 물질을 주고 자립정신을 심어주는 것보다 더 차원 높은 봉사가 있어. 바로 '각자의 할 일'을 잘해내는 거야.

🗨 각자 할 일을 잘한다? 그건 너무 상식적인 얘기 아닌가요?

🗨 그렇지 않아. 실제로는 어려운 일이야. 우리나라에 1만 2,000종류의 직업이 있는데, 모두가 맡은 일을 철저하게 잘해낸다고 상상해 보렴…. 세월호 사건을 비롯해 가슴 아픈 사고들은 결코 일어나지 않았을 거야. 정치인이 불우 이웃에게 김장김치를 나눠 주는 것보다 복지 정책을 잘 만드는 편이 훨씬 큰 봉사란다. 정치를 아주 잘해서 김치를 못 담그는 불우 이웃 자체가 안 생긴다면, 그거야말로 최고의 봉사잖아?
부처님께서는 이를 정업(正業)이라고 하셨단다. 각자의 직업을 남을 위해 바로 사용한다는 뜻이야. 정업(正業)은 팔정도(八正道)중 하나로 수행자가 기본적으로 지켜야 할 덕목이고.

🗨 2500년 전에 하셨던 말씀이 여전히 유효하다니…. 부처님은 정말 대단하신 분 같아요.

🗨 부처님의 가르침은 시대를 초월하는 귀중한 가르침이야. 그래서 모든 불자(佛子)들이 부처님 앞에 머리를 조아리고 존경하는 거란다.

희생 봉사를 통한 실천

　타인을 위한 희생 봉사는 멀리 있지 않다. 나의 일상 속에서 가족, 이웃, 직장, 단체를 위하여, 주어진 일을 진심을 다해 정성껏 해내면 된다. 예를 들어, 가정주부는 아내, 엄마의 역할을 충실히 수행하는 것이 희생 봉사의 시작이다. 그러다 자녀가 성장하여 시간적으로 여유가 생기면 사회 활동을 통해 더 큰 범위의 희생 봉사를 할 수 있게 된다. 이런 희생 봉사는 그 자체가 자연스럽게 일상생활이 되므로 편안하고 즐겁다.
　반면, 희생 봉사를 하기 위하여 주부가 집안은 소홀히 한 채 사회 활동에 몰두하면, 가정이 불안해진다. 이는 곧 사회 불안으로 이어지게 된다. 자신의 역할을 무시한 희생 봉사는, 부자연스럽고 진실하지도 못하다. 좋은 일을 하는데, 회를 거듭할수록 마음은 불편하고 현실은 점점 어렵고 힘들어진다.
　그리고 타인을 도와줄 때는, 진실한 마음으로 최선을 다해야 한다. 상대에 대한 동정심을 이기지 못하여 함부로 선행을 베풀어도 안 된다. 상대를 깊이 헤아려서 필요한 도움을 주도록 해야 한다. 또, 상대를 돕는 과정에서 어려움이 생기거나 그 결과가 기대에 못 미칠 수 있다. 이럴 때 포기하지 말고, 상대를 지속적으로 최선을 다해 도와줄 수 있어야 올바른 희생 봉사라고 할 수 있다.

-『생활속의 대자유』1권, 266쪽

넌 어떻게 생각해?

지금까지 해 본 봉사활동 중 기억나는 것이 있니?

내가 지금 하고 있는 일에 최선을 다하면 타인이나 사회에 어떤 영향을 줄 수 있을까?

자신의 만족을 위해 봉사하는 것과 진심으로 남을 위하는 것을 어떻게 구분할 수 있을까?

엄마&아들

무슨 꿈을 가져야 할지 모르겠어요

대학 4년도 순식간이네요. 4학년이 되면 뭔가 잡힐 것 같았는데 미래는 여전히 불확실해요. 돌이켜보면 고등학교 3년 내내 문, 이과 선택부터 시작해서 학과 선택 같은 진로 고민이 많았어요. 그런데 대학에 들어오는 순간 또다시 직업 선택을 고민해요. 취업난이라서 원한다고 다 되는 것도 아니지만, 내가 뭘 원하는지조차 모르니까 답답한 거죠. 어른들은 이구동성으로 저희에게 꿈을 가지고 노력하라고 말하지만, 제 주변에 뚜렷한 꿈을 가진 친구들은 많지 않아요.

꿈이라…. 꿈이라고 하니 생각나는 게 있어. 요샌 생활기록부에 꿈과 그 꿈을 이루기 위한 구체적인 노력을 잘 기록해야 대입에서 높은 점수를 받을 수 있잖아? 네 동생이 고등학교 입학하자마자 학교에서 두꺼운 드림 노트를 나눠주는 거야. 거기다 꿈을 기록하고 꿈

을 향한 활동을 기록하라는데, 막상 본인은 꿈이 없다는 거야. 17세 평범한 여고생 중, 확고한 꿈을 가진 아이가 몇이나 되겠니? 그래도 입시를 위해 우리 모녀는 쥐어짜듯 꿈을 만들어 내야 했어. 이후 2년 반 동안 꿈을 향한 독서와 봉사, 토론 대회 등으로 숨 가쁜 나날을 보냈지.

요즘 수시입학은 부모님 도움 없이는 힘든 것 같아요. 열악한 환경 속에서도 어릴 때부터 원대한 꿈을 가지고 노력한 덕분에 큰 성공을 거뒀다는 스토리도 간혹 있지만, 그런 경우는 특별한 소수 같아요. 『하고 싶은 일 해, 굶지 않아』라는 책 읽어보셨어요? 학벌과 스펙에 의존하지 않고 자기 관심 분야에서 열정을 가지고 성공한 7인의 이야기예요.

그래? 읽어보진 않았지만 학벌, 스펙 없이 자기만의 길을 개척해서 성공한 사람들이라면 특별한 능력자들 아닐까? 창의력이든 친화력이든 분명 자기만의 독특한 능력이 있을 거야. 그래서 그런 책 읽고 섣불리 따라 해서는 안 돼, 에디슨이 초등학교 중퇴라는 거 알고 있지? 비범한 사람들에겐 학벌, 스펙이 별 의미가 없지만, 평범한 사람들에겐 중요할 수 있어. 그렇다고 그 책을 무시하는 건 아니고, 필자들이 자신의 길을 개척하면서 부딪친 어려움을 어떻게 극복했는지를 배워서 네 것으로 만들면 좋을 것 같아.

저를 낳기 전에 수학 교사를 하셨다면서요? 그런데 뒤늦게 한의사가 되신 거 보면 어머니도 꿈이 변하신 건가요?

엄마&아들

🗣 엄마의 학창 시절 꿈은 화가였어. 부모님 반대로 그림을 접고 수학과에 간 거야. 결혼해서 잠시 전업주부로 살다가 우여곡절 끝에 한의대에 가게 된 거지.

🗣 교사, 주부, 한의사, 비교적 다양한 직업군인데요? 화가를 포기하고 교사나 한의사로 살아가는 건 왠지 꿈을 포기하고 현실과 타협한 느낌이 들어요. 언젠가 다시 꿈을 이루고 싶진 않으세요?

🗣 아이들을 가르치거나 환자를 치료하는 일을 왜 현실과 타협하는 거라고 생각하니? 제대로만 한다면, 이런 일들도 세상을 밝게 만드는 멋진 직업이야. 교사나 의사는 돈 벌기 위한 직업이고 화가가 되는 것은 꿈을 이룬 거라고 구분 지으면 곤란하지. 화가도 아름다운 작품으로 뭇 사람들에게 위안이나 영감(靈感)을 주다 보면 많은 돈을 벌 수 있잖아?

🗣 그런 생각은 미처 못했어요. 왠지 예술가는 꿈을 이루는 순수한 직업이고, 교사나 의사는 세상과 타협하는 직업 같았거든요. 그럼 무슨 직업을 선택해도 그 일을 충실히 해 나가면 되니까 아무 직업이나 가져도 된다는 뜻인가요?

🗣 그렇진 않아. 누구나 타고난 재능과 적성이 있으니 나에게 잘 맞는 직업을 택해야 신나게 일할 수 있겠지. 좋아하는 일을 통해 세

상에 복을 쌓고 그 복으로 생계를 유지하면 금상첨화잖아. 그렇다고 '하고 싶은 일'을 못하고 다른 일을 하게 되었다 해도 좌절할 필요는 없어. 세상 모든 직업은 누군가를 편안하게, 혹은 누군가의 고민을 해결해주는 속성을 지니고 있어. 그래서 남을 위해 진심으로 내 직업, 즉 일을 올바로 행하는 게 중요한 거야.

🔊 '무슨 일을 하느냐'가 아니라 '어떻게 하느냐'가 중요하단 얘기 같은데요?

🔊 둘 다 중요해. 너무 안 맞는 직업에 종사하면 힘들잖아? 다만 직업 자체가 인생의 목적이 아니란 얘길 하는 거야. 대부분 의사, 판사가 되는 자체를 목적으로 삼기 때문에 목적을 이루고 나면 그 직업을 어떻게 사용할지에 대해선 별반 관심이 없어. 모든 사람이 자기 직업을 바르게 행하는 세상을 상상해보렴. 그런 세상이야말로 거의 유토피아 아닐까? 어린이집에 CCTV를 설치할 필요도 없고, 세월호 참사도 없고, 의료 사고도 없겠지. 정치인은 국민을 잘살게 해주려고 여념이 없고, 어느 식당에 가도 정성 가득한 음식을 먹을 수 있을 거야.

🔊 직업을 바로 사용한다는 건, 엄청난 파급력이 있겠네요. 그런데 직업과 불교는 어떤 관계가 있는 거죠?

엄마&아들

🔊 팔정도(八正道)라고 들어봤지? 윤리 교과서에 나올 거야. 팔정도는 깨달음에 이르는 8가지 바른 길인데, 부처님께서 우리에게 이 8가지를 실천하면 반드시 깨달음에 이른다고 제시해주신 분명한 방법이야. 그중에 정업(正業)이란 덕목이 있는데, 이게 바로 직업을 바르게 쓰는 삶이란다.

🔊 팔정도란 단어는 불교 수행 방법이라고 해서 뭔가 거룩하고 신비한 단계를 얘기하는 줄 알았는데, 듣고 보니 굉장히 현실적인데요?

🔊 자기 직업을 바로 행하는 일은 거룩한 일이야. 그렇게 사는 사람들은 생각보다 많지 않아. 직업을 '먹고살기 위해 하는 일'이라고 생각하기 때문에 타성에 젖어 일하는 사람들이 많아. 불교를 바르게 배우면 현실 속에서 마음도 닦고 복도 쌓아가며 풍요롭게 살 수 있단다.

팔정도八正道와 정업正業

　팔정도(八正道)는 부처님께서 중생의 고통을 멸하기 위해 알려주신 8가지 바른길을 뜻한다. 팔정도의 항목은 정견(正見), 정사유(正思惟), 정어(正語), 정업(正業), 정명(正命), 정념(正念), 정정진(正精進), 정정(正定)이다. 이는 고통의 원인이 되는 탐진치(貪嗔痴)를 소멸케 할 수 있는 방법이며, 생활 속에서 실천할 수 있는 8가지 바른길이다.

　팔정도 중 정업은 자신이 가진 능력을 바르게 사용하는 것을 뜻한다. 즉, 태어나서 죽을 때까지 세상에 이익이 되도록 바른 업을 쌓는 것을 뜻한다. 바른 업의 대표적인 것이 바른 직업이다. 어떤 직업이든 이 세상을 진실로 이익되게 하면서 남과 더불어 살면 바른 직업이 된다. 직업을 통해 보시를 하고, 직업을 바르게 행함으로써 깨달음에 들 수 있다.

— 『삶과 영혼의 비밀』, 189쪽

넌 어떻게 생각해?

\# 하고 싶은 일과 할 수 있는 일이 일치하지 않는다면 어떻게 해야 할까?

\# 자신의 능력을 바르게 사용한다는 것은 어떤 의미일까?

\# 주변에서 자신의 일에 소신을 가지고 열심히 임하는 사람을 찾아보고, 그가 세상에 미치는 영향에 대해서도 생각해 보자.

\# 정말 직업에는 귀천이 없는 걸까?

엄마&딸

한 번뿐인 인생, 즐기고 사는 게 최고 아닌가요?

🔊 카페 알바는 할 만하니? 첫 사회 경험이잖아?

🔊 예상보다 만만치 않아요. 이 카페가 2, 3층인데 최근 원래 2명이던 알바를 1명으로 줄였거든요. 음료는 사장님이 만들지만 나머지 모든 일들, 주문받고 서빙하고 설거지까지 혼자 다 하니까 잠시도 앉아있을 새가 없어요.

🔊 두 개 층을 혼자 뛰려면 바쁘겠는데? 손님 많을 땐 힘들겠다. 커피값은 얼마니?

🔊 아메리카노 한잔이 5천 원인데, 1만 2천 원 하는 커피까지 있어요.

대학가치고는 커피값이 비싸네. 학생들이 오긴 좀 힘들겠다.

꼭 그렇지도 않아요. 요즘 트렌드 중 욜로가 있잖아요? You Only Live Once라고, 한 번뿐인 인생이니 남을 위해 희생하거나 참지 말고 나 하고 싶은 대로 즐기며 살자는 거예요. 식사는 편의점에서 컵라면을 먹더라도 커피는 분위기 좋은 카페에서 우아하게 마시는 거죠.

한 번뿐인 인생? 그거 굉장히 위험한 생각인데?

저야 불교 집안에서 나고 자랐으니까 전생과 내세는 당연히 있는 걸로 생각하지만, 대학생이 되고 보니 세상 사람들은 '한 번뿐인 인생'이 당연하다고 생각하는 것 같아요. 시중에 출판된 책 제목을 검색해 보면, '한 번뿐인 인생, OOO하게 살자'는 책들이 얼마나 많은데요. 그러다 보니 친구들한테, '전생은 당연히 있는 거야'라는 말이 잘 안 나와요. 논리적으로 설명할 자신이 없거든요.

우리는 SNS를 비롯해서 과다한 정보들 속에서 살아가잖아? 덕분에 이전보다 더 비현실적인 세계에서 살게 된 것 같아. 그러다보니 삶을 통찰할 수 있는 지혜는 점점 줄어드는 것 같아. 사실 윤회, 죽음과 내세, 이런 것들이야말로 우리 앞에 닥친 분명한 현실이거든. 단 한 명도 피해 갈 수 없어. 부처님께서는 이런 현안 문제를 해결하려고 출가하셨고, 결국 그 해답을 찾으신 거야.

> 엄마&딸

🗨️ 전생도 부정하는 판에, 윤회가 현실이라면 누가 믿겠어요? 엄마는 언제부터 윤회를 현실이라고 받아들이셨어요?

🗨️ 엄마는 네 나이 때, 교회 다녔으니까 윤회 같은 거 없다고 생각했었지. 그러다 불교를 만나서 윤회에 대해 배운 거야. 처음엔 받아들여지지 않았지만, 세상에 이해 안 되는 수많은 일들이 전생과 윤회 개념으로 설명하면 논리적으로 앞뒤가 들어맞는다는 걸 발견했어. 그러면서 '아, 이거 진짜일 수 있겠다.'라고 생각했어.

🗨️ 그 정도만으로 윤회를 확고부동하게 믿기는 어렵지 않을까요?

🗨️ 물론이야. 그 이후 윤회, 전생에 대한 책, 동영상 등 관련 자료들을 샅샅이 찾아보았어. 놀라운 건, 서구의 학자들이 이쪽에 대해 훨씬 더 많은 연구를 해왔단 사실이야. 시간이 날 때, 미국의 정신과 의사가 쓴 『나는 환생을 믿지 않았다』란 책을 읽어 보렴. 검증된 과학 이외에 어떤 것도 받아들이지 않았던 의학 박사가 어떻게 해서 윤회를 받아들이고 방대한 연구 결과를 남겼는지를 볼 수 있어.

🗨️ 음, 그렇게 여러 자료를 찾아보았다는 자체는 윤회가 완전히 믿기지 않았다는 얘기로 들리는데요? 확실하다는 걸 알면 굳이 그렇게 자료를 찾아보고 할 필요가 없을 것 같아요.

🌸 그래, 맞아. 논리적으로는 인정할 수 있었지만, 피부로 와 닿지는 않았어. 실제로 알려면 수행을 해서 어떤 정도의 능력이 있어야 하는데, 그렇지 못하니까 닥치는 대로 관련 자료들을 찾아본 거야. 그렇지만, 그런 과정도 도움이 많이 됐어. 대중적이지 않아서 그렇지, 동서양을 막론하고 뛰어난 사람들은 이미 윤회를 눈치챘었고 그에 따른 현명한 삶을 살았다는 걸 알게 된 거야.

💀 그럴 수 있겠네요. 요즘도 윤회에 대한 연구 자료를 찾아보거나 하세요?

🌸 아니, 그렇지 않아. 10여 년 전에 전생 체험을 했는데, 너무 생생해서 요즘도 간혹 떠오를 정도야. 남자, 여자, 왕, 노동자, 수녀, 나무꾼, 하녀 등등 셀 수 없을 만큼 수많은 전생을 체험했단다. 각각의 생마다 희로애락의 파도에 휩쓸려 다니며 행복해지려고 부단히 노력했지만 대부분 허망하게 죽어가야 했어.

💀 와, 굉장한데요? 그건 엄마가 수행을 해서 얻은 체험인가요?

🌸 아니야. 법당에서 기도를 하면서 불보살님들의 가피로 체험한 거야.

엄마&딸

🗣️ 굉장한데요? 엄마처럼 직접적으로 체험하면 윤회를 확실하게 믿게 될 것 같아요.

🗣️ 믿는다는 것보단 그냥 안다고 하는 게 정확한 표현일 거야. 어제, 오늘, 내일이 있듯이 전생, 현생, 내생이 있는 거지. 그러니 '한 번뿐인 인생'이려니 하면서, 내키는 대로 제멋대로 살다간 미래 생에 큰 코다칠 수 있어. 윤회를 알면, 현재 살고 있는 여건이 좀 열악해도 크게 좌절할 필요 없고, 반대로 남보다 잘나간다 싶어도 크게 으쓱할 필요도 없는 거야.

🗣️ 그럴 거 같아요. 과거의 다양한 생들을 보게 되면 삶을 대하는 태도가 달라질 것 같네요.

🗣️ 그래, 윤회를 알게 되면 부처님께서 왜 이 세상을 고해(苦海)라고 하셨는지를 알게 돼. 그리고 불교 공부를 왜 해야 하는지도 알게 된단다.

자연의 법칙, 윤회

윤회는 자연의 법칙이다. 대다수는 본인 의사와 상관없이 육도 윤회를 하며, 소수의 특별한 능력자들은 원하는 곳에 태어나 서원을 이루고 돌아간다. 예를 들어, 석가모니 부처님은 도솔천에 호명 보살로 계시다가 중생 구제를 위하여 카필라 성의 왕자로 태어나셨다.

육도란 지옥, 아귀, 축생, 아수라, 인간, 천상 등 6종류의 세상을 의미하며, 각자의 업(業)에 따라 태어나는 곳이 결정된다. 육도의 세상은 우주 내에 존재한다. 인간과 축생계는 지구 내에 존재하며, 나머지 4세계는 우주의 별과 공간 내에 펼쳐져 있다. 육도 중 지옥, 아귀, 축생 세계는 삼악도(三惡道)라 하여, 최악의 괴로운 세상이다. 아수라는 모든 일을 싸움으로 해결하려는 영혼이 모여 사는 세상이며, 천상은 선업을 쌓은 영혼들이 모여 살며 즐거움을 누리는 것이다. 인간계는 괴로움과 즐거움이 조화를 이룬 세계로, 변화의 폭이 가장 큰 세계이다.

넌 어떻게 생각해?

\# 성선설과 성악설에 대해 생각해 보고, 윤회와 연관 지어 생각해 보자.

\# 동일한 환경에서 나고 자란 형제자매의 성격, 외모, 재능이 제각각 다른 이유는 뭘까?

엄마&딸

결혼! 꼭 해야 하나요?

🗣 우리 과 여자애들 중에는 결혼 안 한다는 애들이 많아요. 설사 결혼해도 아이는 절대 안 낳겠다는 친구도 있고요. 결혼하고 아이 키우는 건 뭔가 손해 보는 인생을 산다고 생각하는 것 같아요.

🗣 통계청 조사에 의하면, 우리나라 미혼 여성 55%가 결혼하지 않아도 된다는 생각을 갖고 있대. 그리고 고학력에 젊은 여성일수록 결혼과 자녀 출산을 기피한다는 거야.

🗣 이해돼요. 대학까지 10년 이상 힘들게 공부했는데 결혼해서 아이 키우고 집에만 있으면 너무 아깝잖아요?

🗣 엄마도 20대 초반엔 그렇게 생각했었어. 여자도 능력을 키워

서 남자와 동등하게 사회생활을 할 수 있는데, 집안 살림하고 아이 키우는 건 능력을 사장시키는 삶이라고 생각했었지.

정말요? 그런데 엄마는 결혼은 물론이고 아이를 셋이나 낳았잖아요? 직장은 계약직으로 일주일에 3~4일만 다니고…. 워킹맘인데도 우리와 보낸 시간이 많았던 것 같아요.

나도 학창 시절엔 절대 내 엄마처럼 살지 않겠다고 다짐했었어. 가족과 시댁을 위해 한평생을 바치는 여자의 일생이 가치 없어 보였거든. 그런데 스무 살 때 덜컥 운명의 남자가 나타나는 바람에 차질이 생겼지. 그래서 차선책으로, 결혼해서 아이 없이 각자 사회생활을 하면 되겠지…. 라는 생각으로 결혼했어. 그런데 막상 결혼하고 보니 내 입장만 고집할 수 없었어.

그 운명의 남자가 바로 아빠? 그럼 운명에 휩쓸려서 결혼해서 아이를 낳았고, 엄마가 꿈꾸던 삶을 포기하신 건가요?

운명적으로 결혼한 것까지는 맞아. 하지만 불교를 배우면서 엄마가 꿈꾸던 삶이 최고가 아니란 걸 알게 되었지. 여자에겐 사회적 성취보다 더 귀한 일을 할 수 있는 기회가 있다는 걸 알게 된 거야.

그게 바로 우리 3남매였던 거예요?

> 엄마&딸

🗣 물론이지. 먹고 자고 우는 것 이외에 무력한 갓난아기를 독립적인 성인으로 키우는 일은 엄청난 거야. 아이뿐만 아니라, 남편과 소통하고 남편 가족과 협력하는 일도 중요해. 사실 그 모든 일이 결코 쉽지 않아. 결혼해서 이런 과제들을 성취해내는 건, 박사 학위 3개 받는 것보다 더 어려운 일이라고 생각해.

🗣 육아가 박사 학위 받는 거보다 어렵단 얘긴 엄마한테 처음 들어요. 결혼, 살림, 육아는 여자들 누구나 할 수 있는 보편적인 일 아닌가요? 수천 년 동안 거의 대부분 여성들이 해왔던 일이에요. 박사 학위는 특수한 재능이 있어야 가능하잖아요?

🗣 그렇지 않아. 박사 학위나 직장 생활은 어느 정도 정해진 틀이 있기 때문에, 끈기 있게 노력하면 웬만하면 다 해낼 수 있어. 그렇지만 사람은 달라. 저마다 얼마나 다채로운 색깔을 지녔는지 몰라. 아기마다 타고난 건강, 성품, 재능 등이 다 다르기 때문에 육아를 하다 보면 의학부터 시작해서 식품 영양, 심리, 교육 등을 모두 섭렵하게 돼. 그리고 항상 아이의 변화를 세심하게 관찰해서 대응하고 보살펴 줘야 하거든.

🗣 엄마 역할이 생각보다 훨씬 어렵네요. 그런데 제 친구 엄마들은 살림하고 자식들 키우느라 젊은 시절의 꿈을 접었다는 이야기를 많이 하신대요.

🗣 자식들 키우느라 세월 다 보냈는데, 자식들은 혼자 큰 줄 알

고, 자기 생활하느라 바쁘고 누구 하나 알아주는 사람도 없고…. 그러다 보면 서글픈 생각이 들지. 게다가 요즘은 돈을 최고로 치는 시대잖아. 집안 살림하고 자식 키우는 일을, 나가서 돈 버는 일보다 하위로 치는 분위기잖아?

그럼 엄마는 결혼을 꼭 해야 한다고 생각하시는 거예요?

그렇진 않아, 결혼은 각자의 선택이라고 생각해. 그렇지만 내 몸 하나 편하기 위해 결혼을 회피한다면 문제가 있는 거야. 왜냐하면 누군가의 희생으로 지금의 나로 살아가는 거니까, 나 또한 누군가에게 태어날 기회를 주고 키워줘야 하는 의무가 있거든. 그리고 그 의무를 제대로 해내야 세상이 지속 가능해지거든.

만약에 제가 나중에 결혼해서 직장을 접고 집안일과 육아에 전념한다면 엄마는 서운하지 않겠어요?

어느 분야를 선택하든 엄마는 너를 응원할 거야. 전업주부를 선택한다고 해서, 네가 쌓아 놓은 사회적 커리어가 헛수고라고 전혀 생각하지 않아. 학창 생활과 직장 경험은, 네 결혼 생활과 육아에 큰 밑거름이 될 거야. 그리고 엄마는 네 어릴 적 밝고 씩씩했던 모습이 여전히 눈에 선하단다. 너희 셋을 낳아 키우며 넘나들던 기쁨과 고뇌의 순간들을 너도 경험했으면 좋겠어. 왜냐하면, 그 덕분에 난 세상을 이해하고 사랑할 수 있는 힘이 커졌으니까.

올바른 혼숫감

　결혼은 인륜지대사라고 할 정도로 인생의 큰 변화이며 새로운 세계로의 출발이다. 결혼 준비라고 하면 집이나 가구 등을 떠올리지만, 올바른 지식과 지혜는 이보다 훨씬 중요한 혼수품이다. 가정주부는 가정을 조화롭게 만들고 자녀를 낳아 키우고 가정 경제를 이끄는 등 매우 중요한 역할과 임무를 맡게 된다. 이런 다양한 일들을 제대로 해내기 위해서는 여러 분야에 대한 지식과 덕스러움, 지혜가 요구된다.

　재물이 혼수의 전부라는 생각은 결혼 후에도 많은 문제를 일으킬 수 있다. 사회 통념상 전업주부를 무능력하게 보거나 고학력일수록 사회 활동을 우선시하는 경향이 있다. 이는 근본을 망각한 매우 위험한 생각이다. 사회 활동은 생존에 필요한 물질을 생산하는 일이지만, 주부는 인간을 키우고 인격을 형성시켜주는 일을 하기 때문이다. 사람을 키워 내는 일은, 물질을 생산하는 일과는 비교가 안 될 정도로 중요한 일이다. 그러므로 웬만한 지식과 지혜로는 제대로 해내기 어려운 일이기도 하다. 전업주부는 아무나 할 수 있고 직장 생활은 뛰어난 사람만 할 수 있다고 생각한다면, 이는 뒤바뀐 생각을 하는 것이다.

－『생활속의 대자유』 1권, 169쪽

넌 어떻게 생각해?

\# 결혼은 필수일까? 선택일까?

\# 결혼에서 가장 중요한 요소는 뭐라고 생각해? 또 결혼은 어떤 마음가짐으로 해야 할까?

엄마&딸

성형수술, 해야 할까요?

🗣️ 방학이면 수술하고 칩거해있는 친구들이 많아요. 여자애들은 입시 끝나는 순간부터 바로 외모 관리에 돌입하는 것 같아요. 성형부터 시작해서 피부, PT 등등. 이것도 하나의 정규 코스 같은 기분이 들 정도예요. 엄마 젊었을 때도 그랬나요?

🗣️ 물론이지. 그땐 성형이 지금처럼 대중화되지 않았을 뿐, 살 뺀다고 수영장 다니고 친구들과 파마하고 옷 사러 다니느라 바빴지. 할머니 때도, 그 윗세대도 마찬가지였을 거야. 동서고금을 막론하고 여성들은 아름다워지려고 최선을 다했잖아? 미의 기준이 시대별, 나라별로 다르긴 했지만 말이야.

🗣️ 그래도, 너무 심하게 성형을 해서 본 모습과 완전 달라지는 건 좀 문제가 있는 거 아닐까요?

🔊 '너무 심하게'라는 기준이 애매하지 않니? 화장만 잘해도 몰라볼 정도로 확 변하는 경우가 많잖아. 외모가 변한다고 내면까지 변하는 건 아니니까, 본인 외모가 영 마음에 안 들면 확 뜯어 고쳐도 별 문제는 안 된다고 생각해.

🔊 엄마는 불교 신자면서도 그런 생각을 하세요? 불교 믿는 사람들은 왠지 자연 그대로를 추구하고, 성형은 싫어할 것 같거든요. 성형 반대론자들은 그냥 태어난 모습 그대로 사는 게 자연스럽고 아름다운 거라고 주장하는 것 같던데요?

🔊 태어난 모습 그대로 산다는 건 전혀 불교적이지 않아. 불교는 생각, 행동, 습관, 환경 등 모든 것을 변화시키라고 하는 종교야, 그리고 그 방법을 가르쳐준단다. 외모가 지엽적인 부분이긴 하지만, 그래도 최대한 멋지게 가꾸라는 거지. 잘생긴 외모는 나 자신과 상대방 모두에게 기쁨을 줄 수 있어. 너도 고등학생 때 TV에서 엑소를 보면서 즐거워했잖니?

🔊 그렇긴 하죠, 엑소를 보면서 시험 스트레스를 해소했으니까요. 음, 그렇다면 왜 여자 스님들은 삭발하고 화장도 안 하는 거죠?

🔊 그거야 공부 과정 중이라 그런 거지. 너희도 중, 고등학교 때는 파마, 염색 금지에 치마 길이 몇 cm 등 규율이 많았잖아? 마찬가지

로 생각하면 돼. 그렇지만 불교 공부가 무르익으면 달라진단다. 관세음보살님 불화를 본 적 있지? 화려한 드레스에 온갖 액세서리까지 화려함의 극치라고 볼 수 있지.

🔊 그렇군요. 불교는 마음공부라면서 마음을 강조하니까, 외모 가꾸기를 부정적으로 보는 줄 알았어요.

🔊 대부분의 사람들이 너무 보이는 데 치중하고 마음을 소홀히 하면서 살아가니까, 마음을 강조한 거야. 원래 불교는 마음과 외형, 둘 다 중요하니까 최선을 다해서 양쪽 다 아름답게 가꾸라고 한단다. 경전에 보면, 부처님께서 꽃 공양의 공덕 10가지를 말씀하신 내용이 나와. 그중에 첫 번째가 꽃 공양을 올리면 사람들 사이에서 꽃처럼 돋보이게 된다고 하셨어.

🔊 다음 생에 미인으로 태어나고 싶으면 부처님 전에 꽃 공양을 올리면 되겠네요?

🔊 그래, 맞아. 미남미녀로 태어나는 것도 공짜로 얻어지는 게 아니야. 출중한 외모를 지니면 어디를 가나 주목받고 사람들이 호감을 느끼잖아. 하지만 아무리 아름다운 미모라고 해도 세월이 흐르면 무너지기 마련이야.

아, 정말 거울 보면 한숨 나와요. 예쁘게 태어난 친구들이 부러워요. 그렇다고 성형 수술하긴 겁나고요.

정 마음에 걸려서 수술하겠다면 말리진 않겠지만, 너 정도 외모면 충분하다고 생각하는데?

그거야 엄마 딸이니까 그렇게 보시는 거죠. 객관적으로 보셔야죠.

미의 기준 자체가 시대적으로 다른데, 객관적인 기준이 어디 있겠니? 그런데 만일 네게 아이돌 같은 외모를 가진 남자친구가 생겼다고 생각해 봐. 하지만 대화하면 멍청한 대답뿐이고, 어려운 일 생기면 너한테 떠넘긴다면? 게다가 자기 일조차 제대로 못 해낸다면?

처음엔 설레겠지만, 오래 가지 못하겠죠.

그래, 반대로 외모가 좀 부족해도 유머 감각 뛰어나고 능력 있는 사람과는 오래 만날 수 있을걸?

이해해요. 외모보다는 내면이 더 중요하단 말씀이잖아요.

둘 다 추구하되, 외모에 너무 예민하지 않았으면 좋겠어. 크게 거슬리는 부분이 없다면 굳이 마취하고 수술대까지 올라갈 필요는 없다고 생각해. 이 세상엔 성형수술보다 가치 있는 일이 너무 많단다.

꽃 공양의 열 가지 공덕

부처님께서 사위성 기원정사에 계실 때, 수가 장자에게 말씀하셨다.

"꽃과 향을 받들어 공양하면 열 가지 공덕이 있느니라. 세상에서 꽃처럼 돋보이고 몸에서 악취가 나지 않으며, 복의 향기와 계의 향기가 온 세상에 퍼지고, 태어나는 곳곳마다 콧병이 나지 않고, 세상 사람들이 우러러 공경하게 되며, 몸이 항상 정결하고,

정법을 좋아하며 항상 받아 지니며, 큰 과보를 얻게 되고 죽어서 천상에 태어나며, 열반을 빨리 얻는다."

– 〈수가장자설업보차별경〉 : 1-895

넌 어떻게 생각해?

아름답다, 라고 하면 뭐가 떠오르니?

내적인 아름다움은 어떤 것을 말하는지 생각해 보자.

나이가 들어도 아름다움을 유지하려면 어떻게 살아야 할까?

엄마&딸

남자는 되고, 여자는 안 되나요?

대학생이 되면 제일 먼저 배우는 게 술이에요. 남자든 여자든 똑같고, 어쨌든 술은 사회생활의 출발이라고 생각해요. 그런데 할머니는 '여자가 무슨 술이냐!'라고 하시며 펄쩍 뛰시고, 엄마도 여자는 혼자 살면 안 된다고 원룸도 안 얻어주셨잖아요? 양성평등에 어긋나는 것 같아요.

너희들 보고 있으면, 대학생들 노는 방식이 우리 때와 별 차이 없는 것 같아. M.T 가서 술 마시고, 동아리 모임 가서 술 마시고…. 하긴 엄마도 대학교 신입생 때 술자리에서 내가 어른이 된 것 같은 생각에 취해 있었던 것 같아. 그 기분 때문에 마시지도 못하면서 술자리에 앉아 있었던 거지.

> 엄마&딸

🔊 저희 또래 대부분은 입시 공부하느라 제대로 놀아본 적이 없어요. 대학생 됐다고 갑자기 놀려고 하는데, 방법도 잘 모르겠고…. 결국 어른들 흉내 낼 수밖에 없는 것 같아요.

🔊 그래, 충분히 이해해. 그런데 내 딸은 술 마시고 밤늦게 다니는 일은 최소화했으면 좋겠어. 남자들 하는 대로 똑같이 행동하는 게 평등이 아니야. 각자 역할과 차이에 맞게 살아야 현명한 거란다.

🔊 페미니스트들은 '남녀는 태어나는 게 아니라 사회, 문화적으로 길러지는 것이다.'라고 말해요. 예를 들면 여자아이한테 인형을 사주고, 남자아이들한테 자동차를 사준다는 식으로 말이에요. 그렇게 키워 놓고, 여자는 원래 감성적이고 논리적이지 않다는 식으로 몰아간다는 거죠.

🔊 엄마가 20대 때도 그런 주장이 있었는데 그땐 엄마도 공감했었어. 그런데 너희 3남매를 키워보니 아니던데? 형제라도 각자 타고나는 기질과 성품이 선명하게 달라. 그리고 보다 근본적인 건, 남녀는 역할이 다르고 그 역할을 잘해내는 게 중요하단 사실이야.

🔊 남자는 바깥일 하고 여자는 살림하고 아이 키우는 일이 정해진 역할이란 뜻인가요? 여성학자들은 그런 사회적 편견 때문에 권력과 지위가 남자들에게 집중되고 여자는 종속적인 삶을 살게 되는 거라고 했어요.

　　　그런 주장을 펼치는 사람들은 살림하고 아이 키우는 역할 자체를 무시하는 거 아닐까? 남성 대통령의 경우, 보통 그의 어머니와 부인도 함께 존경받잖아? 왜일까? 대통령의 후광 덕분에? 그렇지 않아. 대통령이 되기까지 어머니의 헌신적인 육아가 있었을 테고, 부인의 현명한 내조도 있었을 거야. 이 세상에 혼자 이룰 수 있는 일은 없으니까.

　　　집에서 밥하고 빨래하고 아이 키우는 일은 누구나 할 수 있는 일 아닌가요? 전문성이 있는 것도 아니고, 아무리 잘해도 빛도 안 나는 일 같아요.

　　　외형적으로는 그렇게 보일 수 있지. 세상 이치를 모르니까…. 세상은 음양으로 이루어져 있고, 음양의 이치상 여자는 잉태하고 키우고 돕는 역할을 맡은 거야. 육아와 내조, 안식처 제공 같은 거 말이야. 특히, 아이 키우는 일은 세상 어느 직업보다 가치 있는 일이야. 자녀를 잘 키워서 훗날 그 아이가 세상에 기여한다고 상상해 보렴. 물론, 그렇다고 모든 여성이 다 결혼해서 아이를 낳아 키워야 한다는 뜻은 아니야. 결혼은 본인의 선택이니까. 다만, 살림과 육아의 가치를 폄하하지 않았으면 해. 그리고 자연의 법칙상, 집안을 건사하고 아이를 키우는 일은 여성이 남성보다 우월하다는 거지.

　　　그렇다면 여자 역할도 아주 중요한 거네요? 엄마들이 그런

> 엄마&딸

자부심을 가진다면, 갱년기 우울증도 안 올 수 있겠네요. 친구 엄마들 중에 갱년기 우울증 걸린 분들 계시거든요.

중요하다뿐이겠니? 요샌 겉치레를 중시하는 시대라서, 진짜 중요한 일을 하면서도 스스로를 하찮게 여기는 경우가 많은 것 같아. 세상을 변화시키는 일은 남성들이 하는 것처럼 보이지만, 그런 남성들을 키우고 다듬는 일은 여성들이잖아? 결국, 우리 여성들 수준이 높아지면 세상은 보다 살기 좋은 곳이 될 거야.

여자가 가치를 발휘할 영역이 따로 있는 거네요. 그렇지만 결혼 안 하는 여자들도 많잖아요?

결혼 안 하면 안 하는 대로 직업을 통해 기여할 수도 있고, 소외된 아이들을 위해 봉사할 수도 있고, 얼마든지 세심하고 부드러운 여성의 강점을 살려서 사회를 밝게 만들 수 있잖아? 그러니까 술 마시는 모임 대신에 같이 운동하거나 맛있는 요리를 같이 해 먹는 게 낫겠어.

엄마도 참···. 최소한의 사회 활동은 해야죠. 아무튼 1차 이상은 안 가고, 정시 귀가할 테니 걱정 마세요.

흰 뼈 검은 뼈

  부처님께서 대중을 거느리고 남쪽으로 가시다가 우연히 한 무더기의 삭은 뼈를 보셨다. 이때 부처님께서는 오체투지로써 삭은 뼈에 절을 하셨다. 이를 보고 아난과 대중은 부처님께 여쭈었다. "세존이시여, 여래는 곧 삼계의 큰 스승이시고, 사생의 자비로운 어버이시기에 많은 사람들이 공경하며 귀의하고 있습니다. 그런데 어찌하여 삭은 뼈에 절을 하시는 것입니까?"

  부처님께서 아난에게 말씀하셨다. "너는 비록 나의 수제자로서 출가한 지 아주 오래되었지만, 아직 모르는 일이 있구나. 이 한 무더기 삭은 뼈가 어쩌면 내 전생의 조상이거나 누대의 부모님의 뼈일 수도 있으니 절을 하는 것이니라." 부처님께서 계속 말씀하시길, "당장 이 삭은 뼈를 둘로 나누어 보아라. 만일, 그것이 남자의 뼈라면 희고 무거울 것이요, 만일 여자의 뼈라면 검고 가벼울 것이니라."

  아난은 의문이 풀리지 않아 부처님께 다시 여쭈었다. "사람이 살아 있을 때는 옷에 띠를 매고 사모를 쓰면 남자인 줄 알게 되고, 연지를 진하게 바르고 좋은 향기를 풍기면 여자인 줄 알게 됩니다. 그런데 죽은 후 뼈는 다 똑같은데, 어떻게 뼈를 보고 남녀를 구분한단 말씀입니까?"

부처님께서 아난에게 말씀하셨다. "남자라면, 생전에 절에 가서 강의도 듣고 경도 외우고 예불도 해서 뼈가 희고 무거울 것이다. 그러나 여자는 자식을 낳고 키우느라 피를 서 말 서 되나 흘리고, 여덟 섬 너 말의 흰 젖을 먹여야 하는 까닭에 그 뼈가 검고 가벼운 것이다."

아난이 이 말씀을 듣고 가슴 아파하면서 슬피 울면서 부처님께 아뢰었다. "세존이시여, 어머니의 은덕에 어떻게 보답하여야 하옵니까?"

"분명히 듣거라. 너를 위하여 자세하게 설하리라. 어머니의 10가지 은혜가 있느니라.

첫째는 잉태하여 지켜주신 은혜를 찬탄하노라. 어머니는 산처럼 무거운 몸을 바람만 불어도 재난이 있을까 조심하여 몸 움직임을 멈추네.

둘째로 해산할 때 수고하신 은혜를 찬탄하노라. 잉태하고 열 달이 지나서 해산의 날이 다가오네. 그 두려움을 어찌 다 기억하며 근심하는 눈물이 가슴에 가득하여 옷깃을 적시네.

셋째로 자식을 낳고 모든 근심을 잊으신 은혜를 찬탄하노라. 그대를 낳고 몸과 마음이 함께 까무러쳤고 피는 흘러 양을 도살한 것과 같았네. 마침내 출산하자 환희가 평소의 갑절이네.

넷째로 쓴 것은 삼키시고 단 것을 뱉어 아기에게 먹이고 쓴 것은 당신이 삼키셔도 눈썹을 찡그리지 않네.

다섯째로 아기는 마른자리에 뉘고 자신은 진자리에 누운 은혜를 찬탄하노라.

여섯째로 젖을 먹여 주시고 키워주신 은혜를 찬탄하노라.

일곱째로 더러워진 것을 씻어주신 은혜를 찬탄하노라.

여덟째로 자식이 멀리 길을 떠나면 걱정하시는 은혜를 찬탄하노라.

아홉째로 자식을 위해 악업도 지으시는 은혜를 찬탄하노라.

열째로 끝까지 자식을 사랑하시는 은혜를 찬탄하노라."

–〈부모은중경〉 중에서

넌 어떻게 생각해?

차이와 차별은 어떻게 다른 걸까?

불교에 등장하는 여성들을 찾아보고 불교의 여성관에 대해서 생각해 보자. 다른 종교의 여성관과도 비교해 보자.

엄마&딸

사랑하는 사람과 오랫동안 행복할 수 있나요?

🔊 대학생 된 지 1년이 넘었는데 미팅 한 번도 안 했다면서? 남자 친구 사귀고 싶은 생각은 없는 거니?

🔊 아직은 별생각 없어요. 그리고 남녀공학이라 미팅도 잘 안 들어와요. 남자애들한테는 미팅이 많이 들어오는데, 여학생들은 안 들어오더라구요. 그리고 남친 있는 친구들 보면, 상대방 일거수일투족에 신경 쓰느라고 전전긍긍하는 모습이 힘들어 보여요.

🔊 그런 게 연애잖아? 설레고, 기다리고, 얼굴만 보고 있어도 세상 다 가진 것 같고…. 연애는 20대의 특권 같은 건데, 넌 너무 무관심한 것 같아.

🙂 미셸 오바마가 10대 소녀들에게 연설하면서 "내가 또래 남자들에게 귀여워 보이려고 노력했다면 미국 대통령의 아내가 될 수 없었을 것이다."라는 말을 했어요. 멋지지 않아요? 여자가 남자에게 잘 보여서 잘 살던 시대는 지나갔어요. 이제 여자도 능력을 키우는 게 중요해요.

🙂 그렇긴 하지만, 능력만 믿고 살아가기엔 인생이 너무 삭막하지 않겠니? 삶을 함께할 수 있는 동반자를 찾는 것도 중요한 일이야.

🙂 때가 되면 대상도 나타나고 관심도 생기지 않을까요? 그런데 누군가를 진심으로 사랑하고 그 한 사람과 쭉 행복할 수 있다고 생각하세요? 친구들 보면 커플 반지 맞추고 기념일 챙기면서 열렬히 사귀는가 싶다가 어느 날 갑자기 헤어졌다고 울고불고…. 과연 오래 함께 갈 수 있는 사랑이 존재할까요?

🙂 누군가를 사랑하고 그 상대와 고락(苦樂)을 함께하는 삶은 성숙해야 가능한 일인데, 유감스럽게도 대다수의 사람들에겐 쉽지 않은 일이긴 해. 엄마도 결혼 후 10년 동안 '내 선택이 잘못된 게 아닐까?'라는 의구심을 품고 살았어. 그러다 어느 날 문득, 내가 결혼 생활을 제대로 해낼 수 있는 자질이 부족하다는 사실을 발견했어.

🙂 그걸 아는 데 10년씩이나 걸린 거예요?

> 불교를 공부한 덕분에 10년밖에 안 걸린 거야. 보통은 수십 년 지나도 알아채기 힘들어. 사랑해서 결혼해도, 시간이 흐르면 그 사랑은 퇴색되기 마련이지. 기대치에 부응해주지 않는 남편이 원망스럽지만, 자식 때문에 꾹꾹 참다가 나이 들면 황혼 이혼하는 경우도 많아.

> 진퇴양난이네요. 사랑하는 사람과 헤어져도 슬플 테고, 결혼해도 힘들고…. 역시, 비혼으로 사는 게 제일 속 편한 거 아닐까요?

> 혼자 살면, 나 자신이 얼마나 편협하고 이해심 없는 인간인지를 시시각각 확인해야 하는 괴로움은 피할 수 있어. 상대에게 나를 맞출 필요가 없으니까 자유로운 기분이 들기도 하고…. 그렇지만, 독신으로 살면 외롭다는 단점이 있고 무엇보다 나 자신을 연마할 기회가 적어진단다.

> 친구들 중에, 부모님 사이가 틀어져서 고민하는 애들이 꽤 있어요. 특히, 엄마들이 딸에게 아빠나 아빠 쪽 가족에 대해 하소연하는 경우도 많아요. 그렇다면 결혼 생활을 통해 성장하기보다는 좌절하고 상처 입는 경우가 많지 않을까요?

> 그럴 수도 있지. 우리는 썸을 타고 사랑에 빠지는 일련의 과정에 대해선 나름 다양한 지식을 갖추고 있지만, 그 사랑이 변하는 이치와 변하고 난 후의 대처법에 대해선 거의 무지하거든. 그러니 사랑이

떠나가면 분노나 절망에 빠지고, 사랑이 결실을 맺어 결혼을 해도 시간이 지나면 서로 숨 막혀 하거나, 누군가를 미워하는 마음이 되기 쉬운 거야.

🎧 불교를 배우면 사랑이 변하는 이치나 대처 방법을 알 수 있나요?

💭 물론이야, 부처님은 사랑을 피하라고 하지 않으셔. 오히려 열렬한 사랑을 권장하시지. 다만, 사랑은 영원할 수 없고, 왜 변할 수밖에 없는지 그 원리를 설명해 주신단다. 그래서 그 원리를 알게 되면 헤어져서 슬프지만, 곧 털고 일어나서 다시 내 할 일을 할 수 있는 거야.

🎧 부처님은 다방면으로 저희에게 도움을 주시네요. 사랑이나 연애 같은 주제는 어쩐지 종교에서 멀리하라고 할 것 같은 느낌이 들거든요.

💭 이 기회에 선입견을 버리는 게 어때? 불교는 우리가 고뇌하는 바로 그 자리를 종교의 출발점으로 본단다. 원하는 사랑이 이루어지지 않을 때, 완벽하다고 여겼던 사랑이 변할 때, 결혼 이후 생겨난 복잡다단한 문제들까지…. 모든 상황을 깊게 바라볼 수 있는 시각을 제공해 주시거든. 그러다 보면 스스로 해결의 실마리를 찾을 수 있게 된단다.

> 엄마&딸

엄마랑 얘기하다 보면 늘 느끼는 거지만, 불교는 잘못 알려진 부분이 많은 것 같아요. 뭔가 비현실적이고 추상적이고 뜬구름 잡는 종교란 이미지가 강하거든요.

안타까운 일이지. 현실을 외면하고 무조건 내세만 강조한다거나 현실과 동떨어진 추상적인 이야기만 늘어놓는 종교는 바른 종교라고 할 수 없어. 불교를 바르게 배우면 반드시 내 현실이 개선되어 간단다. 이런 하루하루가 모이고 이어져서 현세의 삶도 행복하고, 또 다음 생도 더 나은 삶이 기다린단다.

변화의 세계와 행복

이 세상은 끊임없이 변하고 있다. 우주 내에 속한 모든 사물은 시간이 흐름에 따라 변한다. 생명체는 시간의 흐름에 따라 생로병사(生老病死)의 과정을 통해 생멸(生滅)하고, 지구나 태양, 은하계는 성주괴공(成住壞空)의 과정을 거치면서 생멸(生滅)한다. 가문, 기업, 민족, 국가 등 모든 집단도 모두 흥망성쇠(興亡盛衰)를 반복하며 변화한다.

마음도 생주이멸(生住異滅)하며 변화의 법칙에 따른다. 나의 생각과 마음은 주변 상황에 의해 수시로 변한다. 역사적으로 봐도, 이런 일들은 비일비재하다.

영국의 헨리 8세는 왕비가 있었음에도 불구하고 앤 블린이라는 아름다운 여자와 사랑에 빠졌다. 그는 이혼하고 앤과 재혼하고 싶어 했으나, 당시 로마 카톨릭 법은 이혼 금지 조항이 있었다. 헨리 8세는 로마 카톨릭을 탈퇴하고, 이혼을 반대했던 충직한 신하 토마스 무어를 처형하면서까지 이혼과 재혼을 감행하였다. 그러나 불과 3년이 지나 헨리 8세는 앤에게 싫증이 나고 제인이란 여자에게 마음이 끌렸다. 결국 그는 앤에게 간통죄를 뒤집어씌워 처형해 버렸다.

변화의 세계 속에 존재하면서, 변하지 않겠다고 생각하거나 변하지 않는 대상을 찾는 자체가 무의미하다. 변화의 세상에서 우리가 할 일은, 어떤 모습으로 변화할지에 대한 방향성을 잡는 일이다. 불교는 피할 수 없는 변화 속에서 스스로를 제련하여 '변하지 않는 자리'에 드는 방법을 알려준다.

— 『생활속의 대자유』 2권, 39쪽

> 넌 어떻게 생각해?
>
> \# 사랑하는 사람과 이별했던 경험이 있다면, 그때 어떤 마음이었는지 생각해 보자.
>
> \# 사랑과 증오는 하나라고 하는데, 네 생각은 어때?
>
> \# 사랑과 집착의 차이는 뭘까?

> 엄마&아들

가족인데 왜 서로 괴롭힐까요?

고흥에서 온 친구가 있는데 외동아들이에요. 그 친구 어머니가 일주일에 한 번씩 고흥에서 아들 보러 올라오셔요. 원룸에서 같이 주무시고 청소하고 밥 챙겨주시고 내려가세요. 그 친구뿐만 아니라, 비슷한 방식으로 어머니가 20세 아들을 애 취급한다고 불평하는 친구들이 많아요. 반면에 요즘 자녀 학대 사건들도 많잖아요? 부모님들은 자식을 지나치게 사랑해서 문제라고 생각했었는데, 어떻게 이런 일이 생기는지 모르겠어요. 가족은 세상에서 가장 소중한 사람들이잖아요?

가족…. 제일 가까운 사이지, 가까이 존재한다는 건 그만큼 인연이 아주 깊다는 거야. 그런데 문제는 그 인연의 방향이지. 누군가에게 깊이 감사해서 은혜를 갚고 싶으면 그 사람 가까이에 태어난다고 하는데, 또 반면에 피해를 입어서 복수하기 위해서도 가까이에 태어난다는 거야.

엄마&아들

🎧 하긴…. 잘해주려면 가까이 있어야 기회가 많을 테고, 괴롭히려고 해도 마찬가지겠네요. 극악무도한 악인이 세상에 존재한다 해도 나랑 엮이지 않으면 해를 입지 않을 테니까요…. 가까이에서 태어난다는 건 가족으로 태어날 가능성이 크다는 건데, 그렇다면 가족이라고 해서 다 좋은 인연은 아니네요. 알고 보면 원수일 수도 있다는 얘기잖아요.

🎧 그래, 맞아. 보통 선연(善緣)은 즐겁고 편안하니까 좋은 인연이라고 의식할 새도 없이 그냥 시간이 흘러가 버려. 반면에 악연(惡緣)은 하루하루가 고통스럽기 때문에 '왜 그럴까? 어떻게 해야 벗어날까?' 등등 많은 생각을 하게 만들지.

🎧 음…. 악연을 만나도 즐거운 경우도 있는 것 같아요. 1학년 때 어떤 친구가 선배 한 명과 유독 친하게 지내면서 매일 같이 술 마시다가 학점을 놓쳤어요. 그래서 2학년 때 원하는 과로 진학하는 데 실패했고, 결국 학교를 자퇴하고 다시 대입을 시작하는 처지가 됐어요. 학교를 떠나면서 그 친구가 무척 괴로워했어요. 선배와 즐겁게 어울렸는데 결과가 나빴으니까 그 선배는 악연이었던 거 아닐까요?

🎧 그거야 네 친구와 선배의 인연을 정확하게 볼 수 있어야 얘기할 수 있는 거고…. 그리고 한쪽 이야기만 듣고 속단하면 안 될 거 같아. 추측이지만, 그 친구가 공부하기 싫고 놀고 싶어서 선배를 따라다닌 것일 수도 있잖아? 그래 놓고 학점 놓친 걸 선배 탓으로 돌린다면 비

겁한 거지. 그런데 악연을 만나도 즐거울 수 있는 건 사실이야. 첫 만남부터 괴롭히면 아예 가까이하지 않겠지만, 처음에는 온갖 즐거움을 선사하다가 갑자기 떠나버리면 남겨진 사람은 엄청나게 힘들겠지.

맞다! 몇 년 전 화제가 됐던 〈피에타〉란 영화요. 자기 아들을 죽인 범인에게 복수하기 위해 자신이 범인의 엄마라고 찾아가서 엄청 모성애를 쏟아부어요. 범인은 진짜 엄마라고 생각하며 행복감에 젖고 주인공은 그 시점에 타살을 가장한 자살로 생을 마감해요. 자기가 사랑하는 아들을 잃은 고통을 범인에게 똑같이 맛보게 하려는 작전이 성공한 거죠.

그 영화를 만든 사람은 세상에서 제일 큰 고통이 사랑하는 사람을 잃는 일이란 걸 알고 있었나 보네. 부처님께서도 애별리고(哀別離苦)라고 하셨거든. 영화 줄거리가 무섭긴 하지만, 여러 생에 걸쳐 충분히 일어날 수 있는 일이야. 그래서 사는 동안 악연을 만들지 않도록 주의해야 해.

악연을 안 만들려면 어떻게 해야 하지요? 만나는 사람마다 무조건 다 잘해주면 되나요? 그렇게 하다 보면 내 할 일을 못할 수도 있잖아요? 예를 들어, 시험공부를 해야 하는데 친구가 술 마시자고 한다면요.

그럴 땐 당연히 거절하고 시험공부 해야지. 그 정도 거절한다고 악연까지 되겠니? 만약에 그 정도 거절에 악연이 될 친구면 애초에 만나지 말아야지. 법정 스님 책에 〈함부로 인연 맺지 마라〉라는 글이 있어. 우리는 인연을 맺어서 도움도 받지만 피해도 많이 입는다는 거야. 그리고 대부분의 피해는 진실 없는 사람에게 진실을 쏟아부은 대가로 받는 벌이라고 하셨어. 이걸 한마디로 말하자면 '어리석음'이야. 이해 가지?

그러네요, 사기꾼에게 진실을 쏟아부으면 결국 사기를 당할 테니까요. 그런데 상대가 진실이 있는지 없는지 어떻게 판단하죠?

그게 바로 핵심이야, 지혜롭지 않으면 결코 판단할 수 없어. 게다가 욕심에 눈이 가려서 상대의 속셈도 모르고 달콤한 유혹에 넘어가기라도 하면 당연히 피해를 입겠지. 그런데 말이야, 사기꾼에게 진실하게 대했다가 입는 피해보다 더 큰 피해가 뭔지 아니? 진실한 인연을 알아보지 못하고 외면해서 생기는 피해란다. 이 세상에서 가장 소중한 인연은 부처님과의 인연인데, 이걸 알아보지 못해서 놓치게 되면 괴로움을 해결할 방법이 없거든.

악연을 만들지 말고 계속해서 선연만 만들면 즐거움이 계속되지 않을까요?

우리가 사는 세상은 상대적 세계이기 때문에, 악연을 최소화할 수는 있어도 100% 안 만들 수는 없어. 그리고 선연과 악연이 고정

불변도 아니고, 서로 뒤바뀌기도 해. 중요한 건, 누구나 살면서 선연과 악연을 번갈아 만나게 되고 그 과정에서 내 영혼을 성장시켜야 한다는 사실이란다.

영혼을 성장시킨다는 게 무슨 뜻이죠?

선연을 만나 일이 잘 풀려서 승승장구하다 보면 게을러지거나 교만해질 수 있고, 반대로 악연을 만나 순수했던 마음이 미움이나 원망에 찌들어버릴 수 있어. 두 경우 다 영혼이 퇴보하는 거야. 그렇지만 부처님 법문을 배우면, 선연을 만나면 더 깊은 선연을 만드는 법을 배우게 되고 악연을 만나면 그 악연을 선연으로 바꾸는 법을 알게 되지. 어떤 상황이 와도 영혼을 성장시키는 방법을 알려주시는 거야.

신기하네요…. 그래서 부처님과의 인연이 제일 소중하다고 하신 거예요?

그래, 누구와 어떻게 인연 짓느냐에 따라 나 자신이 다른 차원의 존재가 되는 거야. 부처님과 진실한 마음으로 인연을 맺으면 그 이득은 이루 헤아릴 수가 없단다.

인연에서 벗어나는 길

　우리가 살면서 맞이하는 숱한 만남들 중에 '우연한 만남'은 하나도 없다. 모두 인연(因緣)에 의해서 만나고 헤어진다. 그리고 인연에는 악연(惡緣)과 선연(善緣)이 있다. 선연을 지으면 언젠가 행복한 결실을 맺어 편하게 살 수 있고, 깨달음을 이루는 데도 큰 도움이 된다. 만약, 악연을 지으면 고통받게 되고, 수행에도 장애가 된다.

　악업(惡業)에 의한 인연이든 선업(善業)에 의한 인연이든, 과거에 행한 원인에 의한 결과물이기 때문에, 그 결과를 받아야만 그 인연이 소멸된다. 인연의 속박에서 벗어나야 자유롭게 살 수 있다. 인연의 속박에서 벗어나려면, 선연은 더욱 좋은 인연으로 만들고, 악연은 선연으로 바꾸도록 노력해야 한다.

　내 주변의 모든 사람들은 나와 깊은 인연으로 맺어진 사람이다. 이들을 부처님 모시듯이, 지극정성으로 대하는 것이 인연의 속박에서 벗어날 수 있는 방법이다. 그러므로 부모형제, 부부, 친척, 동료들을 위하여, 본인이 할 도리를 성심껏 해야 한다. 나아가 일상생활 속에서 스치고 지나가는 사람들도 소중하게 대해야 한다.

인연 중에 가장 큰 인연은 부처님과 인연 짓는 일이다. 부처님과 인연을 지으면, 언젠가는 깨달음이라는 최고의 결실을 맺게 된다.

― 『생활속의 대자유』 1권, 262쪽

넌 어떻게 생각해?

\# 지금까지 소중한 인연, 나쁜 인연을 만난 경험에 대해 이야기해 보자.

\# 견디기 힘든 악연이 찾아온다면 어떻게 극복할지 생각해 본 적 있니?

엄마&딸

사랑한다면서 왜 괴롭히나요?

🔊 이제 수능 시험이 얼마 남지 않았네, 너 후배들 응원하러 모교에 가봐야 하는 거 아니니?

🔊 글쎄요. 친구들과 상의해봐야죠. 고3이었던 게 엊그제 같은데, 세월 빠르네요.

🔊 엄마도 32년 전에 학력고사 봤던 기억이 생생해. 12월 추위에 무릎 담요 덮고 달달 떨며 문제지 풀던 기억이 어제 일 같아. 그러고 보니, 너 고3 때 진짜 힘들었지? 엄마도 너 키우면서 그때가 제일 고통스러웠던 것 같아.

🔊 담임선생님과의 사건 때문에 제가 학교 그만두겠다고 했을 때 말이죠?

🔊 그래, 엄마마저 무너지면 네가 걷잡을 수 없을 것 같아서 침착한 척했지만, 사실은 며칠 동안 잠을 설쳤어. 무엇보다 힘들었던 건 미움이었는데, 내 딸을 절망에 빠뜨린 그 여자에 대한 미움의 불이 활활 타올라서 잠들 수가 없었던 거야.

🔊 저도 평생 처음 겪는 고통이었어요. 사건 터진 게 스승의 날이었잖아요? 담임 안 맡은 기타 과목 선생님들한테 선물 챙겨드리면 담임선생님 면을 세워 주는 거니까 좋아하실 줄 알았는데, 본인보다 다른 선생님 먼저 챙겼다고 화나서 파티 준비 다 해놓은 것을 알면서 종례도 안 하고 집에 가버리시고, 옆 반 가서 제 흉보고, 저한테는 담임 허락 없이 학급에서 돈 걷는 것은 불법이라고 협박성 문자 보내고. 진짜 이해가 안 되니까, 대학이고 뭐고 다 포기하고 싶었던 거예요.

🔊 그래, 네가 공부하던 거 다 접고 초점 없는 눈으로 멍하니 허공을 응시하는 걸 보면서 엄마는 마음이 찢어질 것 같았어. 순간적으로 살의(殺意)가 느껴질 정도였어. 다음 순간 스스로에게 놀라서 정신을 차리긴 했지만.

🔊 그 정도인 줄 몰랐어요. 그때 엄마가 그 사건 이전에 담임선생님이 저를 유독 좋아하지 않냐고 물으셨잖아요? 사실, 고2 때부터 그 선생님이 담임도 아닌데 제 전화번호 물으시고, 시험 잘 봤냐고 문자하면서 특별한 관심을 보였어요. 제가 대학생 되면 같이 평생 모임하

> 엄마&딸

자고 한 적도 있을 정도였어요. 그런 지나친 관심이 늘 부담스러웠죠. 그런데 한 번도 엄마한테 그런 얘기를 한 적 없는데 어떻게 아셨나 싶어서 깜짝 놀랐어요.

🗣️ 부처님께 이 악연을 해결해 주십사 하는 심정으로 절실하게 기도하다 보니, 너와 담임 선생님 사이의 오래전 악연을 보여 주신 거야. 출발은 좋아하는 마음이었어. 너를 좋아해서 인정받고 싶었는데 네가 받아주지 않으니 애정이 증오로 바뀐 거지.

🗣️ 그때 엄마가, 사랑과 증오는 본래 한 몸이라서 사랑이 어떤 계기를 만나면 증오로 변한다고 하셨잖아요? 그 얘기가 금방 받아들여지진 않았지만, 뭔가 제 문제를 풀 수 있는 실마리가 될 수도 있겠다는 생각이 들었어요. 왜냐하면, 분명 담임 선생님이 처음엔 과도하게 저를 좋아했다가 한순간에 돌변해서 괴롭힌 거였거든요.

🗣️ 그래, 사실 스무 살도 안 된 네게 그런 이야기를 하게 될 줄 몰랐어. 그렇지만, 살다 보면 언젠가는 겪게 될 일이니 일찌감치 경험하는 것도 나쁘지 않겠다 싶더구나. 다행스럽게 네가 어느 정도 알아듣는 눈치였고.

🗣️ 그날 이후 증애심(憎愛心)이란 단어가 마음속을 떠나지 않았어요. 그때부터 담임 선생님을 바라보는 제 시각이 천천히 변하기 시작

했죠. 그러던 어느 순간, 담임 선생님이 어린아이로 보였어요. 엄마가 언젠가 그러셨잖아요? 사람은 영적인 나이가 따로 있다고, 육체 나이가 어려도 영적으로 어른인 경우도 있고 그 반대도 있다고…. '아, 내가 열두 살 아이한테 기대하는 바가 컸구나.'라는 사실을 알게 된 거죠.

그래서 담임 선생님께 찾아가서 사과드린 거야?

예, 그 사건 이후 주위 몇몇 선생님들이 그냥 눈 딱 감고 사과하라고 조언해 주셨지만, 전 잘못한 게 없으니 어떤 불이익을 당해도 사과하지 않을 작정이었어요. 추천서 안 써주면 정시로 대학 가면 그만이다 싶었어요. 그런데 담임 선생님이 어린아이라는 걸 알게 되자, 마음이 달라졌어요. 어린아이라면 서운할 수 있었겠구나 싶으니까 찾아가서 사과한 거죠.

사과하니까 어떤 반응을 보였니?

아이처럼 해맑게 웃으면서 제 손 꼭 잡고 "내가 널 얼마나 좋아하는데, 다른 사람을 먼저 챙겨?"라고 하시는 거예요. 며칠 후, 담임 선생님 SNS 프로필에 저랑 찍은 사진이 올라와 있더라구요.

사춘기 여자아이 같네, 친한 친구가 다른 애 사귀면 질투하는 경우 많잖아.

> 엄마&딸

🗣️ 맞아요, 그때부터 전 편안해졌어요. 그 전엔 담임 선생님이 부담도 되고 눈치도 보였었는데, 이후로는 그냥 반장으로서 할 일 하고 선생님 지시도 따를 건 따르고, 무리다 싶을 땐 할 수 없는 이유를 잘 설명해 드리고…. 선생님을 알고 나니까 상황에 맞춰 대응할 뿐, 마음에 흔들림이 없어졌다고 해야 하나? 그건 무관심은 아닌데…. 뭐랄까? 암튼 편해졌어요.

🗣️ 너 대학교 면접시험 보러 같이 서울 올라갔을 때 한 시간 간격으로 담임선생님 전화 왔었잖아? 그 모습 보면서, 우리 딸이 1년 동안 참 힘들었겠다 싶더라.

🗣️ 제가 고등학교 올라가서는 학교생활 열심히 했잖아요? 성적, 동아리 활동, 봉사 활동 등등, 대입을 위해 쉴 틈 없이 달렸는데, 그땐 대학이고 뭐고 다 포기하고 싶었어요. 그러던 중, 사랑과 증오가 하나라는 얘기는 제겐 한 줄기 빛 같은 말씀이었어요. 그 말씀은 부처님 가르침이지요?

🗣️ 그래, 맞아. 부처님께서는 원리와 법칙을 알려주신단다. 하지만 대부분 그런 가르침이 삶에 별 도움이 안 된다고 생각해. 추상적으로 들리거든. 엄마도 처음에 그랬으니까. 그런데 부처님 가르침을 현실에 적용하는 방법을 하나라도 알게 되면, 나를 꼼짝 못 하게 옥죄고 있던 그물 하나가 스르륵 사라지는 신기한 체험을 하게 된단다.

보왕삼매론(寶王三昧論)

1. **몸에 병 없기를 바라지 마라.** 몸에 병이 없으면 탐욕이 생기기 쉽나니, 그래서 성인이 말씀하시되 '병고로써 양약(良藥)을 삼으라.' 하셨느니라.

2. **세상살이에 곤란 없기를 바라지 마라.** 세상살이에 곤란이 없으면 업신여기는 마음과 사치한 마음이 생기나니, 그래서 성인이 말씀하시되 '근심과 고난으로써 세상을 살아가라.' 하셨느니라.

3. **공부하는 마음에 장애 없기를 바라지 마라.** 마음에 장애가 없으면 배우는 것이 넘치게 되나니, 그래서 성인이 말씀하시되 '장애 속에서 해탈을 얻으라.' 하셨느니라.

4. **수행(修行)하는 데 마(魔) 없기를 바라지 마라.** 수행하는 데 마가 없으면 서원이 굳건해지지 못하나니, 그래서 성인이 말씀하시되 '모든 마군(魔軍)으로써 수행을 도와주는 벗을 삼으라.' 하셨느니라.

5. **일을 꾀하되 쉽게 되기를 바라지 마라.** 일이 쉽게 되면 뜻을 경솔한 데 두게 되나니, 그래서 성인이 말씀하시되 '어려움을 겪어서 일을 성취하라.' 하셨느니라.

6. **친구를 사귀되 내가 이롭기를 바라지 마라.** 내가 이롭고자 하면 의리를 상하게 되나니, 그래서 성인이 말씀하시되 '순결함으로써 사귐을 깊이 하라.' 하셨느니라.

7. **남이 내 뜻대로 순종해주기를 바라지 마라.** 남이 내 뜻대로 순종하면 마음이 스스로 교만해지나니, 그래서 성인이 말씀하시되 '내 뜻에 맞지 않는 사람으로써 원림(園林)을 삼으라.' 하셨느니라.

8. **덕을 베풀면서 과보(果報)를 바라지 마라.** 과보를 바라면 도모하는 뜻을 가지게 되나니, 그래서 성인이 말씀하시되 '덕 베푼 것을 헌신짝처럼 버리라.' 하셨느니라.

9. **이익을 분(分)에 넘치게 바라지 마라.** 이익이 분에 넘치면 어리석은 마음이 생기나니, 그래서 성인이 말씀하시되 '적은 이익으로써 부자가 되라.' 하셨느니라.

10. **억울함을 당해서 밝히려고 하지 마라.** 억울함을 밝히면 원망하는 마음을 도웁게 되나니, 그래서 성인이 말씀하시되 '억울함을 당하는 것으로 수행하는 문을 삼으라.' 하셨느니라.

넌 어떻게 생각해?

\# 한 사람에 대한 감정이 사랑에서 미움으로, 혹은 미움에서 사랑으로 바뀐 적 있니?

\# 그때, 네 마음을 움직인 계기는 무엇이었니?

지금, 길을 잃은 너에게

엄마&딸

혐오와 증오는 어디에서 비롯되나요?

🔊 요즘 하루가 멀다 하고 테러가 일어나요. 세계 유일의 분단국가라는 우리나라가 제일 안전한 것 같아요. 얼마 전 IS에서 10대 초반으로 보이는 소년이 꿇어앉아 있는 남자의 뒤통수에 총을 겨누는 영상을 배포했어요. 그 아이는 "이슬람을 믿지 않으면 다 죽이겠다."라고 말했어요. 세상에!!! 그 아이는 고작 열 살 정도로 보였어요. 과자 파티 즐기고, 친구들과 축구하고, 엄마 눈치 보면서 게임하는 귀여운 나이인데, 어떻게 이런 일이 가능하죠?

🔊 세뇌(洗腦)의 무서움을 보여주는 일이지. 세뇌로 한번 '옳다'라는 생각이 주입되면 모든 판단력이 마비된 채 로봇처럼 생각하고 행동하게 되는 거란다. 부모의 사랑 속에서 맛있는 음식을 먹고, 친구들과 뛰어놀고, 학교 다니는 건 인간으로서 해야 할 기초적인 일들이야.

정치나 종교를 논하기에 앞서 우선 건강하고 기본 태도를 갖춘 시민으로 성장하는 것이 우선이란다.

🗨️ 그런 테러 집단에선 아이들이 누려야 하는 기본 권리조차 빼앗나 봐요.

🗨️ 그런 것 같아. 육신의 성장도 중요하지만, 정신의 성장은 더욱 중요한 거야. 이해하고 포용하고 판단하고 사유하는 능력이 클수록 멋진 인생을 살아갈 수 있기 때문이지. 교육이나 여행을 중시하는 것도 이를 통해 정신이 성장하기 때문이잖아? 그런데 정신은커녕 아직 육체도 미숙한 어린아이의 마음을 '증오'라는 틀에 가두어 더 이상 생각할 수 없게 만드는 건 정말 무서운 일이란다.

🗨️ 어린이들은 백지처럼 순수하니까 세뇌가 더 잘돼서 그런 거 아닐까요?

🗨️ 그럴지도 몰라. 혹시 전족에 대해 들어봤니? 옛날에 중국에서는 여자는 발이 작아야 미인이라 해서, 대여섯 살 난 여자아이들 발가락을 부러뜨려 안으로 구겨 넣고 가죽으로 감싸 압박해서 발을 기형적인 작은 모양으로 만들었던 거야. 전족 과정에서 감염으로 사망하는 아이들도 많았고, 살아도 걸음을 제대로 걸을 수 없을 정도였다니….

비인간적으로 들리지? 그런데 이런 악습이 거의 1000년간 지속되었고, 20세기가 돼서야 없어졌단다.

'전족'에 갇혀 걸음도 못 걷는다면 결국 육신의 장애를 갖게 되는 거네요. '증오'에 갇혀 더 이상 생각을 못 한다면, 정신의 장애를 갖는 거겠죠?

그래, 기본적으로 종교는 인간을 위해 존재하는 거란다. 그런데 거꾸로 되면 문제가 생기는 거야. 종교는 인간이 더 행복해지기 위한 수단이야. 그런데 종교로 인해 인간이 피 흘리고 죽는다면? 그건 종교가 아니라 종교를 빙자한 하나의 권력 집단으로 봐야겠지.

그런데 종교란 뭔가 거룩한 사상을 가르치는 거 아닌가요? 왜 종교가 사람들에게 '증오'를 심어주나요?

군중의 증오를 부추겨서 욕심을 채우려는 지배층 때문이야. 증오심으로 세뇌되면 판단력을 상실하거든. 1920년대에 관동 대지진이 일어나서 일본 민심이 흉흉해지니까, 일본 지도층이 한국인이 우물에 독을 탔다는 등의 유언비어를 퍼뜨렸어. 지진으로 좌절한 일본인들에게 조선인에 대한 증오심을 심어준 거야. 결과적으로, 일본 내 조선인 6천 명이 학살되었지. 이런 일들은 역사적으로 비일비재할 거야. 바른 종교는 믿고 배울수록, 내 안에 쌓여있던 증오심을 버릴 수 있게 해

준단다. 심지어 나조차도 몰랐던, 잠재의식 안에 숨어있던 미세한 증오심마저 찾아내 버리게 해줄 수 있어야 해.

🙂 바른 종교와 사이비 종교는 엄청난 차이가 나는 것 같네요. 금방 구분할 수 있을 것 같아요.

🌸 그렇게 쉽지만은 않아. 사이비 종교가 세뇌하는 내용이 주로 우리의 욕심과 부합되기 때문에, 아주 달콤하단다. 그래서 처음엔 잘 몰라. 그런데 삿된 종교는 세월이 흐를수록 마음이 허전하고, 두려움이 커지고, 가족, 친지들과의 관계가 악화된단다. 바른 종교는 그 반대라고 보면 돼. 믿고 배울수록, 가족 및 지인들과 좋은 관계가 되고, 마음의 여유가 생기고, 생각이 깊어진단다. 10년쯤 지나서 문득 과거의 나를 돌아봤을 때 스스로가 변한 모습에 놀랄 때가 생기지. "예전의 나라면, 분해서 펄펄 뛰었을 텐데…. 어쩌면 이렇게 의연하게 넘겼을까?" 이런 식으로 말이지.

🙂 그럼 사이비 종교의 유혹에 속지 않으려면 도대체 어떻게 해야 하죠?

🌸 우선 종교를 맹목적으로 믿으면 안 돼. 그 종교가 지향하는 목표가 무엇인지, 어떤 방법으로 목표를 달성한다는 건지 알아봐야지. 이해가 안 되는 부분은 대충 넘어가지 말고 세세하게 물어서 확인해야 하고…. 그 물음에 확실한 답을 해주지 못하는 종교는 분명 문제가 있

> 엄마&딸

는 거지. 그리고 무엇보다 중요한 건, 내가 노력한 만큼만 얻겠다는 마음가짐이야. 만약 어떤 종교가 쉬운 방법으로 엄청난 결과를 얻을 수 있다고 약속한다면, 그건 분명히 삿된 집단이라고 생각하면 돼. 이런 자세를 갖추고 살면, 결코 유혹에 넘어가지 않는단다.

무지의 때

녹이 쇠로부터 나와서 다시 그 쇠를 녹슬게 하듯이
악도 이 사람의 몸에서 나와 다시 그 몸을 망치게 한다.

행실이 옳지 못한 것은 마음의 때요,
물질을 탐하는 것은 보시의 때요,
악한 행동은 이 세상과 다음 세상의 때이다.

그러나 이러한 때보다 더 심한 때는
무지(無智)와 어리석음의 때이다.
이 무지의 때를 씻어버리지 않으면 영혼의 새벽은 오지 않는다.

― 〈법구경〉

학식과 인품은 별개인가요?

🎧 '수학의 유혹'이란 책 아세요? 고등학교 때 읽은 책인데, 수학이 얼마나 멋진 학문인지 알게 해 준 책이에요.

🎧 그래? 그럼 그 책 때문에 수학과에 간 거니?

🎧 그 책 아니어도 어차피 수학과에 갔을 거예요. 저자가 서울대 수리학부 교수인데, 저도 서울대 가서 그 교수님한테 배우고 싶단 꿈을 가졌었죠. 비록 떨어져서 이루지 못한 꿈이 되었지만….

🎧 그랬구나! 그 교수에게 직접 배울 수는 없어도 저서나 논문을 통해 얼마든지 배울 수 있잖아?

🔊 그런데 엄마, 그 교수가 여학생 성추행 사건으로 파면된 K 교수예요. 세계적인 수학자이면서 축구, 글쓰기 등 못 하는 게 없는 사람이 왜 그랬을까요?

🔊 K 교수뿐 아니잖니? 강남대 ㅇㅇ분 교수 사건도 그렇고….

🔊 맞아요, 지성의 상징이라는 대학에서 끊임없이 추악한 일들이 일어나고 있어요. 어른들은 공부 열심히 해서 훌륭한 사람이 되라고 하잖아요. 학식이 높다고 해서 인품이 좋은 것은 아닌가 봐요. 그럼 학식과 인품은 아무 관계가 없는 건가요?

🔊 공부 열심히 해야 훌륭한 사람이 된다? 그건 아닌 것 같고, 공부를 열심히 하면 세상 살기가 좀 편하단 말이 맞겠지. 언젠가 얘기했지만, 사람이 생존하려면 힘을 가져야 해. 돈, 건강, 지위, 외모, 학벌… 이런 것들이 모두 힘인 거지. 이 다섯 가지가 서로 영향을 주고받기 때문에 이 중에 한두 가지만 확실하게 갖추면 그걸 기반으로 나머지를 다 가질 수도 있어. 지식은 학벌의 범주에 속하기도 하지만, 지식 자체로도 세상살이에 큰 도움이 되잖아.
그런데 미인이거나 부자라고 해서 인품까지 뛰어날까? 그건 아니잖아? 학자도 마찬가지야.

엄마&아들

🎧 그렇지만 학자나 교육자는 인격을 갖춰야 하지 않아요? 교수는 학자이면서 스승이기도 하니까 존경받는 거잖아요?

🎧 학자가 인품까지 갖추면 존경받아 마땅하지, 그렇지만 능력과 인품은 별개란다. 인품이 학문의 깊이에 비례한다면, 육체노동자는 다 열등한 인품이게? 절대 그렇지 않아. 학문도 돈이나 외모처럼 하나의 능력이야.
예전에 우리 조상들은 학문을 시작하는 단계에서 인격을 수양하는 공부를 먼저 시켰었지.『사서삼경』같은 책이 그런 내용이잖아. 그러다 보니 학자들 중에 인품을 갖춘 분들이 많아서 학자들이 존경받았었지만, 요즘은 다르잖아.

🎧 우리나라는 최단 시간에 경제성장과 민주화를 동시에 성취한 세계사에 유일한 나라래요. 그런데 정신문화는 따라가지 못했나 봐요.

🎧 그래, 엄마의 부모 세대는 궁핍했고 무시당하며 살아온 세대야. 그래서 온 국민이 돈 벌고 자식 가르쳐야 한다는 일념으로 허리띠 조이며 살아왔어. 이제 음식과 옷이 남아돌고 대학 진학률이 80%가 넘는데도 사람들은 행복해하지 않아, 돈과 지식이 편리함을 줄지언정 우리 마음을 채워주지는 못하는 거지.

🔊 부자나 지식층의 범죄가 날로 느는 것도 정신문화와 관계있는 거겠죠?

🔊 옛날에는 학문이나 기술을 가르칠 때 허드렛일을 시키면서 인품부터 가르쳤어. 그 과정에서 도저히 안 되겠다 싶은 사람에겐 기술이나 학문을 전수하지 않았어. 인품이 부족한 사람이 지식을 갖게 되면, 그걸 이용해서 다수에게 피해를 주고 결국 자신도 파멸된다는 걸 알기 때문이었지. 그런 풍토가 사라지면서 지금은 학문이 출세의 도구가 된 것 같아.

🔊 그럼 업적이 뛰어난 교수나 학자라고 해서 존경할 필요가 없겠네요.

🔊 그건 또 다른 얘기지. 자기 분야에서 큰 성과를 내거나 높은 지위에 오른 분들은 분명 남다른 노력을 한 사람들이야. 그런 점을 존경하고 배워야 해. 다만 성공에만 집중해서 성품 닦는 일을 소홀하다 보니 문제가 생긴 거지.

🔊 하긴, 천재 스티브 잡스도 직원들에게 대놓고 '쓰레기'라고 말하고 남의 아이디어를 자기 것인 양 가로채기 일쑤였대요. 세상을 뒤바꾼 엄청난 업적을 남겼지만, 주변 사람들에겐 같이 있기 힘든 사람이었다는 거예요.

| 엄마&아들 |

🔊 그래? 잡스도 불행한 영혼이있나 보네? 남에게 독설을 퍼부으려면 우선 내 마음이 괴로움으로 꽉 차 있어야 하거든. 생각해 봐! 네 마음이 즐겁고 기쁜데 독한 말이 나오겠니?

🔊 부와 명예를 다 가져도 인품이 따라오진 않나 봐요. 평범한 우리는 보통 돈과 직장이 없어서 괴롭다고 생각하는데…. 그러면 결론은 돈과 지위가 없으면 당연히 괴롭고, 있어도 괴로운 건가 봐요?

🔊 이미 2500년 전에 부처님께서 결론 내주셨어. 사람은 육신과 영혼의 결합체라서 양쪽을 다 건사해야 행복할 수 있다고 하셨어. 육신을 유지하려면 능력을 갖춰야 하고, 영혼을 성장시키려면 마음 닦는 공부를 알아야 해.

🔊 저는 능력 갖추기도 바빠서 숨이 찰 지경인데, 거기에 마음 닦는 공부까지 해야 한다니…. 좀 부담스럽네요.

🔊 20대는 능력 키우기에 비중을 크게 두는 시기야. 불교 공부는 기본만 익혀두면 충분해. 그러다 사회적 기반을 잡고 나이 들어가면서, 점차 불교 공부에 비중을 두면 돼. 그리고 불교는 책상 앞에 몇 시간씩 앉아서 암기하는 공부가 아니란다. 핵심을 배워서 생활과 접목하는 방법을 터득하면 삶 자체가 공부가 될 수 있어.

🔊 그렇다면 다행이네요. 전 불교를 깊이 공부하려면 현실을 등져야 하지 않을까 생각했어요.

🔊 불교는 현실과 정신, 둘 다 추구하는 종교야. 어느 한쪽만 선택해서 살아가면 언젠가는 바퀴 한 개 빠진 자동차처럼 균형을 잃고 괴로움에 빠지게 된단다.

기술과 학문의 전수

아주 오랜 옛날에 존재했던 학문, 의술, 과학 등은 중생이 만든 것이 아니라, 성현들이 만든 것이다. 성현들은 한 분야를 파고들면 곧 그 분야를 통달해버리는 특성을 지니고 있다. 옛 성현들은 학문, 의술 등을 전해줄 때 전수자의 인품을 중시하였다. 왜냐하면, 학문, 의술, 기술 등은 세상 만인을 위해 사용되어야 하기 때문이다. 그래서 학문 등을 전수하기 전에 앞서서 전수자의 그릇을 키울 수 있는 수련을 먼저 시켰다.

그러나 요즘은 인격 수양과 관계없이 지식 교육에 몰두한다. 마음이 닦이지 않은 상태에서 학문을 습득하면, 그 학문을 다수를 속여 부당한 이익을 얻는 데 사용하거나 다수를 무시하고 깔보는 데 쓴다. 그릇이 적은 사람에게 권력이 주어지면, 만인을 위해서가 아닌 자신을 위해서 권력을 휘두른다.

적어도 고등학교까지는 인성 교육이 매우 중요하다. 그때까지 인품을 바르게 형성한 뒤에 학문이나 기술을 배우게 되면, 인품과 능력을 겸비한 온전한 사람이 될 수 있다.

— 『진리로의 여행』, 문답 45

넌 어떻게 생각해?

능력과 인품을 모두 갖춘 인물로는 누가 있을까? 실제로 만나 본 적 있니?

능력과 인품 중 한 가지만 갖추게 된다면 어떤 문제들이 일어날까?

엄마&딸

누구나 공평한 기회를 누릴 수 있는 세상은 없나요?

🔊 이제 2학년 돼서 전공과목 배워보니 어때? 적성에 맞는 것 같아?

🔊 잘 모르겠어요. 맨날 '외웠다 까먹기'의 반복인데, 고등학교 때와 별반 다를 게 없어요. 열심히 외워도 무슨 뜻인지 머리에 잘 들어오지도 않고…. 로스쿨 가려면 최상위 학점 받아야 하는데, 전 1학년 때 학점 망쳐서 이미 물 건너갔어요. 그런데 막상 로스쿨 진학한 선배들 이야기 들어보면, 거기서 또 무한 경쟁이 펼쳐진대요. 대형 로펌에 취업할 수 있는 졸업생들은 극소수에 불과하니까요.

🔊 엄마는 이과 출신이라 잘 모르지만, 법학은 용어 자체가 생소하고 암기도 많을 것 같아. 그런 어려운 공부를 몇 년씩이나 하면서 또 경쟁을 하니, 그냥 일반 회사에 취업하는 게 낫지 않을까?

요즘 취업이 어렵다 보니, 갖춰야 할 스펙이 나날이 늘고 있어요. 졸업 후에도 1~2년 동안 스펙 쌓는 선배들도 많아요. 친구는 취업해서 SNS에 회식 사진 올리는데, 본인은 자기소개서 쓰고 있을 때가 제일 비참하대요.

그건 시작에 불과해. 예를 들어, 친구와 동시에 대기업에 취업했다 해도 친구가 먼저 승진한다면? 게다가 그 친구가 내 직속 상사로 오기라도 하면? 순수하게 축하만 해줄 수 있을까?

쉽지 않을 것 같아요. 친구 밑에서 일할 바에야 차라리 괴팍한 상사가 나을 걸요? 적어도 '내가 쟤보다 뭐가 부족해서 승진을 못했을까?'라는 생각에 밤잠 설치는 일은 없을 테니까요.

그래, 맞아. 악덕 지주 밑에서 다 같이 착취당하며 사는 삶이, 친구를 상사로 두고 사는 것보다 나을 수 있어. 예전에 TV보급률이 저조해서, 동네에 TV 가진 집이 하나뿐인 시절이 있었어. 인기 드라마를 보러 매일 밤마다 온 동네 사람들이 그 집으로 몰려갔었지. 너나 나나 똑같이 TV가 없으니까 얼마나 단합이 잘됐겠니? TV 가진 단 한 명의 부자 때문에 괴로워하는 사람은 별로 없었을 거야. 어차피 나와 다른 계급이라 생각하면 그만이니까. 그때 그 시절을 그리워하는 건, 상대적 박탈감 없이 서로 비슷한 처지에서 정을 나눌 수 있어서였을 거야.

> 엄마&딸

🎧 하긴, 저희도 전지현 때문에 스트레스 받지는 않아요. 아무리 수술을 해도, 그녀 같은 외모가 될 수 없다는 걸 아니까 비교 자체를 안 하죠. 그렇지만, 고교 동창이 성형 후에 SNS 올린 사진을 보면 마음이 흔들리죠. '얘, 나보다 아니었는데. 이번 방학 때 나도 해?' 등등 온갖 번뇌가 일어날 수밖에 없어요.

🎧 그런 게 다 차별지(差別地)에서 오는 괴로움이야. 사실 삶은 태어날 때부터 차별 있게 출발하는 건데, 교복 입고 한 교실에 살면서 같은 급식을 먹는 동안 그 사실을 잠시 잊는 거지. 교복 입고 학교 다닐 때가 좋았다고 말하는 사람들이 종종 있는데, 아마도 그런 이유 때문일 거야.

🎧 서울 집값이 비싸다 보니 저 같은 지방 출신들은 부모님 재력에 따라서 사는 곳이 천차만별이에요. 숨이 콱 막히는 고시원부터 시작해서 럭셔리 오피스텔까지 아주 다양한 차별 공간이 존재하죠. 그런데 이런 차별이 평생 계속된다면, 정말 슬픈 현실일 거예요. 차별 없이, 누구나 공평한 기회를 누릴 수 있는 세상을 만들 수 없을까요?

🎧 유토피아 말하는 거니? 인류는 꽤 오랫동안 그런 유토피아를 꿈꿔왔고 실제 시도했던 경우도 많아. 그런데 엄마가 아는 한, 모두 실패했어. 대표적인 예가 공산주의잖아?

🙋‍♂️ 공산주의는 당 자체가 특권층이 돼버린 거죠. 요즘 시도되는 사회적 기업이라든가, 암튼 새로운 형태의 모델을 만들 수 있지 않을까요?

🙏 2500년 전에 플라톤이 〈국가론〉에서 유토피아 국가를 거론했잖아? 그 책엔 사유재산 금지, 가족 해체 등 해괴한 내용도 있어. 그 이후에도, 〈평등 사회〉 모델을 만들려는 노력은 끊임없이 시도돼 왔어. 예를 들어, 미국의 오네이다 공동체는 재산 공유 및 복합 결혼을 주장했지. 물론, 오래 못 가고 무너졌지만.

🙋‍♂️ 너무 극단적인 예만 알고 계신 거 아니에요?

🙏 오네이다는 그나마 미국에선 가장 성공적인 공동체였다는 평가를 받는 단체야. 오네이다보다 더 괴상망측한 〈평등 사회〉 모델들이 수두룩해. 남녀 교제가 불평등의 출발이라면서 금욕을 주장하다 대가 끊기는 바람에 소멸된 공동체가 있을 정도야.

🙋‍♂️ 그럼 원래부터 〈평등 사회〉는 될 수 없는 걸까요? 우리 모두는 상대적 박탈감 속에서 평생을 허우적거리며 살아야 할 운명인 거예요?

🙏 플라톤이 지상 낙원을 상상하며 '국가론'을 쓰고 있을 즈음에, 부처님께서는 이미 이 세상은 〈차별지〉라고 단언하셨어. 그뿐 아니라, 차별지에서 최대한 행복할 수 있는 방법, 차별지를 벗어나 절대 평

> 엄마&딸

등의 경지에 이르는 방법까지 세세히 설하셨단다. 굉장하지 않니?

🔊 뛰어난 철학자라도 부처님과는 비교가 되지 않네요. 그렇다면, 어차피 이 세상은 차별지니까 갖가지 차별을 인정하고 거기 순응하며 살라는 뜻인가요?

🔊 그건 아니야, 차별을 최소화하도록 노력해야지. 넌 역사 과목을 좋아했으니까 엄마보다 더 잘 알 거야. 인류는 차별을 없애려고 끊임없이 노력해왔어. 덕분에 봉건제도와 노예제도가 사라지고 발전해왔지만, 그렇다고 차별 자체가 없어지진 않았어. 지주와 노예가 사라진 대신에 건물주와 임차인이 생겼잖아?

🔊 그러네요. 모양만 다르지 차별 자체가 완전히 사라졌던 때는 없었던 것 같아요. 처음부터 될 수 없었던 일인가 봐요?

🔊 그래, 맞아. 우주의 법칙을 꿰뚫어 아시는 부처님께서 그걸 말씀하신 거야. 우리가 괴로운 건 차별지에 살기 때문임을 알려 주시면서, 벗어나는 방법까지 가르쳐 주신거지. 그런데 사람들은 자꾸만 이 세상에 지상 낙원을 만들고 싶어 하는 경향이 있어. 애초에 불가능한 일인데 말이야.

　　그러네요. 그런데 왠지 차별지를 벗어날 수 있다는 부처님 말씀이 가슴에 와닿지 않고 뭔가 비현실적인 얘기로 들려요. 차별지를 벗어난 곳은 어디일까 싶어 막막하고요. 저희와 너무 거리가 먼 이야기라 그럴까요?

　　엄마도 처음에 똑같은 생각을 했었어. 그런데 시간이 지나면서, 인간의 학문으로 부처님 법을 헤아리긴 역부족이란 걸 알게 되었단다. 지금 너희들이 학교에서 배우는 공부는 차별지 안에서 잘 살기 위해 하는 거고, 부처님 법을 공부하는 건 차별지에서 벗어나기 위한 공부라는 걸 알아두었으면 해. 이 두 가지 공부를 조화롭게 병행해나간다면, 날이 갈수록 충만한 삶을 살게 될 거야.

사회계급제도와 수행환경

　석가여래 부처님께서는 "본질은 모두 동등한데, 차별이 생긴 이유는 자신이 쓸데없는 생각을 일으켜 죄를 짓고, 그 업장에 의하여 축생부터 천상까지 차등이 생기는 것이다."라고 말씀하셨다. 즉, 본래의 본성은 차등이 없으므로 깨달으면 누구나 다 똑같이 평등하다. 그러나 이는 본질을 보았을 때에 해당된다. 현실에서는 업장이 무거운 사람과 가벼운 사람은 분명 차별이 있다. 같이 수행하면, 업장이 가벼운 사람이 빨리 깨닫는다. 그러므로 스승 입장에서는, 업이 가벼운 사람을 먼저 가르쳐 지도자부터 양성할 필요가 있다.

- 『진리로의 여행』, 문답 67

법 앞의 평등은 불가능한가요?

🔊 '부자병'이라고 들어보셨어요? 얼마 전 미국에서 음주 운전으로 행인 4명을 죽인 16세 소년이 부자병이라는 진단을 받아서 감옥에 안 가고 보호관찰이란 관대한 처분을 받았대요.

🔊 '부자병'? 처음 듣는 병명인데?

🔊 삶이 너무 풍요로워서 감정을 통제하지 못하는 병이래요.

🔊 비싼 변호사와 심리학자를 고용해서 만들어낸 병명 같구나. 유전무죄(有錢無罪)가 통하는 사회니까 그럴 수도 있겠네.

🔊 반면에 장난감 총으로 행인들에게 장난을 치던 12세 흑인

엄마&아들

소년이 경찰에게 사살된 사건이 있었어요. 유전무죄 무전유죄(有錢無罪 無錢有罪)라고 미국 시민들이 분노했다는데, 죄의 유무가 부의 크기에 의해 좌우된다는 건 모순 아닌가요?

그런 면이 있지. 우리나라 국민 중 80%가 유전무죄 무전유죄라고 믿고 있다는 조사 결과를 본 적이 있어. 그런데 죄의 대가를 어느 정도 돈으로 보상할 수 있긴 하지, 돈은 노력의 산물이니까.

그런 얘기가 아니잖아요? 죄의 본질에 대한 거지요. 무고한 사람을 4명이나 죽이고도 무죄판결을 받고, 반면에 아무 잘못 없이 억울하게 죽었는데 가해자는 기소도 안 되었어요. 뉴욕타임즈에서도 그 흑인 아이가 부유한 백인 아이였으면 죽지 않았을 거라는 기사를 내보냈다고요.

그래, 슬픈 이야기구나. 부모 입장에서는 똑같이 귀한 자식이었을 텐데 말이야. 그런데 이 세상을 지배하는 원리는 정의(正義)가 아니고 힘이야. 그래서 누구나 힘을 얻으려 안간힘을 쓰고, 그게 안 되면 힘 있는 사람 근처에라도 가려고 하잖아.

그러면 같은 잘못을 저질러도 힘없는 사람은 죄가 되고, 힘 가진 사람은 죄가 안 되는 이 현실을 당연하다고 보라는 건가요?

그런 뜻이 아니야. 우리는 공정한 사회를 위해 최대한 노력해야만 해. 다만, 이 세상은 공평할 수 없다는 사실을 알아야 한다는 얘기지. 아까 죄의 본질이라고 했던가? 이 세상의 잣대로는 유전무죄 무전유죄가 성립하는 것처럼 보이지만, 부처님께서는 죄는 한마음에 있다고 말씀하셨단다. 결국, 죄의 본질은 돈과 아무 관계가 없어.

한마음에 있다니요? 무슨 말인지 도통 모르겠어요.

우리가 일상을 살아가면서 어떤 행동을 할 때, 그 저변에 깔려있는 마음이 있어. 그 마음이 이타적이면 복을 짓는 거고, 그 마음이 이기적이면 죄를 짓는 거야. 예를 들어, 네가 시험 망쳤을 때 엄마가 머리 쓰다듬으면서 '괜찮아'라고 말하는 것과 평소 너를 누르고 싶어 했던 친구가 똑같은 말과 행동을 했다면? 네 입장에서 같은 기분일까?

제가 바보가 아닌 이상, 그 정도는 알겠죠. 그렇지만 사기꾼이 마음먹고 저한테 친절하게 다가오면 속을 수도 있을 것 같은데요?

그거야 네가 안목을 키워서 속지 않아야 하는 거고. 중요한 건, 우리가 평생 쓰는 마음이 하늘에는 정확하게 기록되고, 그 결과에 의해 내세의 운명이 결정된다는 사실이야. 그래서 마음공부가 중요한 거란다.

> 엄마&아들

🎧 그렇지만 하루를 사는 동안에 계속 말하고 행동하는데, 일일이 그 저변에 깔린 마음을 어떻게 알 수 있겠어요?

🎧 맞아. 대부분 사람들은 각자 마음 쓰면서 살아온 방식이 굳어져서 거의 무의식적으로 행동하니까, 행위 저변에 깔린 마음을 의식하지 못해. 그래서 자신을 관찰하는 시간이 필요하단다. 잠들기 전에 하루 동안의 만남을 떠올리면서 네가 했던 모든 말과 행동을 돌아보는 거야. 어떤 마음으로 그렇게 했는지를 말이야. 처음에는 네가 했던 모든 언행이 완벽했다는 생각이 들 수 있어, 심지어 상대의 잘못만 새록새록 떠오르기도 해. 엄마도 그랬으니까. 그런데 매일 하다 보면 미처 몰랐던 네 마음이 하나씩 보이기 시작할 거야.

🎧 해보진 않았지만, 그 정도는 할 수 있을 것 같아요. 어쨌거나 죄의 기준이 마음에 있다고 하니까 그래도 다행이란 생각이 들어요. 세상이 그렇게 불공평한 것만은 아니구나 싶고….

🎧 그래, 우리 눈엔 세상이 불공평해 보이지만 부처님이 보실 때는 각자 마음 내서 행동한 대로 받아 가며 살아가는 지극히 공평한 세상이란다. 그러니까 세상의 부조리만 탓하면서 시간 보내지 말고, 네 할 일을 하는 게 중요한 거야.

죄의 기준

죄는 말, 행동, 사회적 규범처럼 외형으로 판단할 수 없다. 죄는 마음에 달려 있다. 즉, 진실하고 이타적인 마음으로 행할 때는 죄가 되지 않지만, 자기 자신만을 위하여 무언가를 얻고자 하는 마음으로 행하면 죄가 된다.

자신만을 생각하고 위하는 마음은 집착을 낳아, 사물을 바르게 볼 수 없게 된다. 이로 인하여, 마음이 점점 어두워지고 폐쇄적이고 독단적인 사람이 되어간다. 이렇게 되면 스스로 마음이 무겁고 외롭고 쓸쓸해진다.

반면, 자신을 넘어서 남을 위하고 모든 것을 나눠 가지려고 하면 밝은 마음이 된다. 이런 사람들은 모든 것에 감사하며 사물을 바로 볼 수 있는 밝은 지혜를 얻어 번뇌와 고통으로부터 자유로워진다.

— 『생활속의 대자유』 1권, 103쪽

넌 어떻게 생각해?

\# 완전히 평등한 사회가 가능할까?

\# 불공평한 이 세상을 살아가려면 어떤 힘이 필요할까?

엄마&아들

목숨마저도 불공평한 세상인 것 같아요

세계적인 IT 부자들이 집중하는 분야가 뭔지 아세요? 불로장생(不老長生)이에요. IT업계 거물들이 앞장서서 생명 연장 사업에 투자하고 있대요. 페이스북의 피터 틸은 120세까지 살겠다는 구체적인 목표를 세우고 성장호르몬을 복용하면서 원시인 식단을 먹고 있고, 래리 엘리슨 오라클 공동창업자는 아예 영원히 살고 싶다는 목표를 공개하고 노화 방지 연구재단을 설립해서 매년 거액을 투자하고 있대요.

진시황의 후예들이네. 진시황은 불로장생을 위해 필사적으로 노력했지만 50세에 죽었어. 하지만 그때가 2200년 전이니까 당시 50세면 꽤 장수한 걸 거야. 지금은 유전공학이 하루가 다르게 발전하니까 실력 있는 과학자들 모아서 연구시키면 120세는 충분히 가능할 것 같은데?

　　그렇지만 생명 연장 기술의 혜택을 모두가 누리진 못할 거예요. 일반인들에겐 엄청난 고가일 게 뻔해요. 이제 장수(長壽)조차 부자들끼리만 누리는 '그들만의 리그'가 되는 거죠. 목숨만큼은 누구에게나 공평한 거라고 생각해왔는데, 그마저도 돈에 의해 좌지우지되는 것 같아서 서글픈 생각이 들어요.

　　누구에게나 공평한 거? 이 세상은 차별지라서 애초에 공평은 없어. 부자들은 통상 오래 살기를 원하고 실제로 오래 살 확률이 클 거야. 돈으로 누리는 즐거움이 많으니 삶에 대한 애착이 클 것이고, 유기농 식품이라든가 최신 의료 기술을 쉽게 접할 수 있기 때문이지. 그런데 너는 누리고 즐기는 삶이 최고라고 생각하니?

　　최고까지는 아니라도 어느 정도 원하긴 하죠. 원룸을 얻을 때도 쾌적한 집을 얻으려면 돈이 관건이고, 세 끼 학식(학생 식당 밥)을 먹느냐 가끔 삼겹살을 먹느냐도 마찬가지예요. 나이를 먹을수록 그 대상은 점점 더 많아질 거 같아요. 따지고 보면 부모님들이 그렇게 열심히 교육시키는 이유도 내 자식이 높은 위치에서 더 누리고 살기를 원하기 때문이잖아요?

　　그래, 엄마도 불교를 배우기 전까지는 그랬어. 여기가 상대적 세상이라 내가 누리고 즐기려면 반대편에선 누군가가 희생해야 한다는 걸 몰랐었지. 내가 맛있는 음식을 먹으려면 누군가는 뜨거운 불

앞에 서서 땀 흘려야 하고, 아침 출근 때 깨끗한 길을 걸으려면 누군가는 새벽에 출근해서 전날 밤 취객들이 남긴 흔적들을 청소해야 해.

　　　　모두 음식을 하기보다는 먹는 편을, 청소보다는 쾌적한 빌딩 안 사무실에서 일하는 편을 선호하죠. 그러니까 경쟁을 하게 되고, 경쟁에서 밀리면 생계를 위해 하기 싫은 일도 해야 하고…. 그렇다고 경쟁을 포기하고 싫은 일을 억지로 할 수는 없잖아요?

　　　　생존 경쟁은 이 세계의 속성이니까 태어난 이상 어쩔 수 없는 일이지. 다만, 그게 삶의 목표가 아니란 얘기를 하고 싶은 거야. 그 120세까지 살겠다는 IT 부자 말인데, 만일 수행을 하고 세상에 기여하기 위해 120세까지 살겠다는 목표를 세운 거라면 본받을 만하지. 그렇지만 단순히 세상을 누리기 위해 오래 살고 싶은 거라면 어리석은 생각이야. 그런 방식으로 오래 살게 되면 과거에 자신이 쌓은 복을 헛되이 소모하거나 세상에 빚을 지는 게 되는 거야. 카드빚 몇십만 원만 연체해도 카드 회사에서 전화 오고 스트레스 엄청 받는데, 수많은 사람들한테 몇십 년 동안 빚진다고 생각해 봐, 다음 생이 얼마나 고단해지겠니?

　　　　부자라고 무조건 좋아할 것도 아니네요. 오래 사는 것도 그렇고…

왜 사는지에 대한 고민 없이, 무조건 오래 살려고 하는 건 중생의 고질병인가 봐. 2500년 전에 부처님께서 수자상(壽者相)이라고 해서 우리가 해탈하지 못하는 이유 중 하나로 목숨에 대한 애착을 지적하셨거든. 부처님께서는 80까지 사나, 120까지 사나, 죽음은 똑같이 고통스러운 상황이라고 보신단다. 어차피 막판에는 몹시 아플 것이고 죽음과 동시에 사랑하는 사람과 이별해야 하니까…. 그 고통을 해결해 주시려고 출가하셨고 결국 방법을 찾으신 거야. 그렇지만 여전히 우리는 생사 문제를 해결하기보다는, 120세까지 즐길 수 있는 삶을 추구하는 편이지.

돈과 건강만 받쳐주면 오래 사는 게 좋단 생각을 했었는데, 그렇지도 않네요. 그럼 굳이 부자를 부러워할 필요도 없고 건강에 너무 연연해할 필요도 없겠네요.

그렇다고 돈 벌 생각을 안 한다거나 건강관리를 소홀히 하면 안 돼. 돈과 건강이 삶의 목표는 아니지만, 중요한 수단인 건 분명해. 부지런히 능력을 키워서 정당한 방법으로 돈도 많이 벌고, 적절한 운동과 영양 섭취로 튼튼한 몸을 만들어야 해. 그래야 세상에 복도 쌓고, 부처님 법을 배워서 죽음을 초월하는 방법을 배울 수 있는 거야.

육신에 대한 집착

대부분 사람은 자신의 육체에 집착하며 살아간다. 그러나 언젠가는 육신을 떠나야 하므로, 육신에 대해 집착하면 고통스럽다. 안이비설신의(眼耳鼻舌身意)를 잘 관찰하되, 집착하지 않아야 한다. 마음은 그대로지만, 몸은 늙고 병든다. 따라서 언젠가는 병들고 죽을 육신에 집착하지 않고 편안한 마음으로 여유롭게 살아갈 수 있어야 한다.

그렇지만 육신은 수행하여 깨달음을 위한 필수 불가결한 수단이다. 그러므로 육신이 필요로 하는 욕구를 적절하게 충족시켜주되, 욕구의 노예가 돼서는 곤란하다. 육신을 다스리는 주인의 입장에서 육신을 소중하게 다루고 건강하게 유지해야 한다.

— 『삶과 영혼의 비밀』, 104쪽

넌 어떻게 생각해?

차별 때문에 괴로웠던 적 있니?

무병장수는 행운일까? 오래 살면 행복할까?

엄마&딸

자살하는 사람들이 너무 많아요

🎧 엊그제 무명 가수 한 명이 또 자살했어요. 노래 실력이 뛰어난데도 무대에 설 기회가 안 생겨서 그랬다는 거예요.

🎧 그래? 그렇지만 그 정도 이유로 자살을 합리화할 수는 없을 것 같은데? 훨씬 어려운 환경에서도 꿋꿋하게 자기 일을 해나가는 사람들이 얼마나 많은데…. 그리고 사실 어떤 경우에도 자살은 '해서는 안 될 일'이야.

🎧 그래요? 그렇지만 누군가 자살하면, 네티즌들은 얼마나 이 세상이 힘들었으면 그런 극단적인 행동을 했겠냐면서 천국에 가서 어려움 없이 행복하게 지내라는 댓글을 달곤 해요. 그런데 교회 다니는 친구 말이 자살하면 천국에 못 가고 지옥 간다는 거예요.

그 친구 말에 일리가 있어. 자살은 큰 죄이기 때문이야.

가족과 친구를 생각해서라도 자살하면 안 되죠. 그런데 도저히 해결 안 되는 어려운 상황이라면 달라질 수도 있을 것 같아요. 자기 목숨이니까 스스로 선택할 수 있는 권리도 있다는 생각도 들어요.

내 목숨이 '나의 것'이란 생각 자체가 잘못된 거야. 생각해보렴. 네가 20년 동안 살아오면서 주변에 아무런 도움 없이 혼자 힘으로 살아왔니?

절대 아니죠. 우선 부모님이 키워주셨고 할머니께서 몸에 좋은 음식을 해 주셨고…. 좋은 선생님들도 계셨고, 잔병치레 많아서 병원 신세도 많이 졌고…. 도움 주신 분들이 아주 많죠.

바로 그거야. 네가 기억하는 것 그 이상일 걸? 농사지으신 분들, 옷 만들고 집 지어주신 분들…. 정말 헤아릴 수 없이 많은 이들의 희생 덕분에 오늘의 네가 있는 거잖아. 한마디로 너는 수많은 이들의 노력의 결정체야. 또 네가 태어나서 지금까지 먹었던 음식, 마시는 물과 공기 등 사람 이외에도 많은 생명체와 자연의 희생이 있었던 거지. 그래서 열심히 공부해서 능력을 갖추어야 하고, 그 능력으로 사회에 기여하고 네가 받은 바를 세상에 남김없이 돌려줘야 해. 그런데 자살은 수많은 이들의 희생을 헛되이 만드는 거잖아. 그러니 당연히 큰 죄가 되지 않겠니?

🧒🔊　그런 생각까지는 못했어요. 막연히 자살은 나쁜 거라고만 생각했지, 왜 그런지에 대해서 구체적으로 생각해본 적은 없었어요.

🧑‍🦲🔊　그래서 불교를 배워야 하는 거야. 불교는 막연히, 무조건, 그냥, 이런 단어와는 거리가 먼 종교야. 작게는 왜 선하게 살아야 하는지, 죄가 무엇인지부터 시작해서 크게는 우주의 생성과 소멸까지 설명할 정도로 논리적인 종교야. 세상 이치를 명확하게 알면 삶에 대한 뚜렷한 주관이 생기고, 그러면 내 꿈이 이루어지지 않는다고 해서 우울증에 걸리거나 자살하거나 하지 않아.

🧒🔊　그렇지만 나는 하루에 16시간씩 연습하는데도 노래 부를 무대가 없는데, 누구는 노래 실력은 별로인데 뛰어난 외모 덕에 걸그룹 멤버로 잘 나가는 모습을 보면 좌절할 것 같아요.

🧑‍🦲🔊　아름다운 외모도 노래 실력 못지않은 경쟁력이야. 우리가 연예인을 좋아하는 건 노래든 외모든 연기든, 우리에게 즐거움을 주기 때문이잖아? 노래 실력이 좀 부족해도 빼어난 외모로 위안을 준다면 가치가 충분히 있는 거야. 반대로 외모가 부족해도 가창력이 탁월하면 팬들이 생기고….

엄마&딸

🔊 맞는 얘기지만 세상이 왠지 냉혹하단 생각이 드네요. 아무리 노력해도 타고난 사람들을 앞서기 힘들다는 건, 뭔가 억울한 느낌이 들어요. 세상은 모순투성이 같아요.

🔊 '타고난 사람들'은 본인이 기억하지 못할 뿐, 과거에 그 분야에서 엄청난 노력을 한 사람들이야. 음치여도 지금부터 결심하고 노래 연습을 계속하면 언젠가는, 다음 생에서, 혹은 다음다음 생에서든 그 결과를 얻을 수 있어. 부처님께서 이 세상은 지극히 공평하다고 단언하셨으니까 그 부분에 대해 너무 예민하게 생각하지 않았으면 좋겠어. 타인에게 마음을 닫아걸고 나 위주로 살아온 사람들에겐 냉혹한 세상이 펼쳐질 거고, 그 반대로 살아온 사람들은 어딜 가나 도와주려는 사람들을 만나게 되는 거야.

🔊 아, 그 가수가 이런 사실을 알았다면 자살하지 않았을 것 같아요.

🔊 그래, 부처님 법문을 한 번이라도 제대로 들었으면 어려움이 닥쳤다고 자살하지 않아. 당장 세상이 알아주지 않아도 내 분야에서 꾸준히 노력하고, 가족과 이웃을 위해 내가 할 수 있는 일들이 무엇일까 찾아서 행하며 살게 되거든.

받은 것을 갚는 회향의 법칙

자연의 법칙 중 회향(回向)이 있다. 회향은 세상으로부터 받은 것들을 감사한 마음으로 다시 세상에 되돌려 주는 것이다. 이 세상이 유지, 발전되기 위해 누구나 지켜야 하는 기본적인 도리이다.

예를 들어, 부처님께서 평생 인도 전역을 맨발로 걸어 다니시면서 설법을 하신 이유도 회향하기 위함이었다. 깨닫기까지 수많은 이들이 먹여 주고 입혀 주고 키워주었기 때문에, 깨달음이 자신만의 것이 아님을 아셨다.

기업주 또한 마찬가지이다. 대기업이 되기까지, 수많은 근로자의 노고와 온 국민의 도움이 있었다. 따라서 기업주는 이익의 일부를 사회에 환원해야 한다. 회사를 자기 소유로 생각하여 가족 위주로 운영하면 곤란하다. 이와 같이 정치인, 학자, 상인 등 각자 자신의 맡은 분야에서 최선을 다하여 많은 사람이 그 혜택을 누릴 수 있도록 노력해야 한다.

— 『진리로의 여행』, 문답108

넌 어떻게 생각해?

병약하고 빈곤한 상태에서도 의미있는 인생을 살려면 어떻게 해야 할까?

금전적인 기부 이외에 사회에 기여할 수 있는 방법이 있다면 어떤 것이 있을까?

여기, 세상을 바라보는 너에게

엄마&아들

무소유는 가난한 건가요?

같이 교회 가자고 조르는 친구가 있어요. 그 친구 말이 유럽과 미국 등 기독교 국가는 다 잘살고, 태국, 네팔 등 불교 국가는 다 가난하다는 거예요. 종교에 의해 빈부가 결정될 수 있나요?

기독교인이 불과 1%밖에 안 되는 일본이 선진국인 건 어떻게 설명하려고 그런 얘길 하지? 세계 최빈국 중 하나인 에티오피아가 수천 년 역사를 지닌 기독교 국가인 걸 알고 있니? 세계에서 가장 오래된 암굴교회인 기독교 성지가 바로 에티오피아에 있어.
게다가 경제가 발전할수록 기독교의 영향력이 줄어든다는 연구 결과가 있단다. 통계로 봐도 지난 10년간 부유한 서유럽과 북아메리카는 기독교인들이 감소했고, 아시아, 아프리카에서는 기독교인들이 많이 증가했어. 사회, 경제적 박탈감이 강한 나라일수록 무조건 믿고 의지하는 종교가 성행한다고 볼 수 있지.

🎧 그럼 그 친구가 잘못 알고 있는 거네요? 제대로 이야기해줘야겠어요.

🎧 어떻게 설명해 주려고? 가난할 때는 기독교를 믿다가 부유해지면 기독교를 떠나는 거라고? 한 나라가 잘살고 못살고는 국운(國運)과 관련이 있고, 운(運)은 한자리에 계속 머무는 것이 아니라 일정 시간이 지나면 다른 곳으로 이동하는 거래. 에티오피아만 하더라도 3000년 전 시바 여왕이 다스리던 때에는 아라비아 최고의 부유한 나라였어. 그런데 20세기 들어 전쟁과 극심한 가뭄 때문에 세계 최빈국으로 전락했지. 반면 우리나라는 불과 60년 전에는 국제 원조를 받는 가난한 나라였지만 지금은 아니잖아? 물론 운이 전부는 아니야. 국가든 개인이든 운이 들어와도 노력이 없으면 큰 성과를 낼 수가 없어. 하지만 아무리 노력을 많이 해도 운이 따르지 않으면 이뤄지지 않아. 운도 따르고 노력도 있어야 번영할 수 있단다.

🎧 그렇군요. 그런데 불교가 물질을 대하는 대표적 방식은 '무소유'라고 알고 있어요. 재물을 안 가질수록 불교적으로 사는 사람 같아 보여요. 그러다 보니 태국, 방글라데시 같은 불교국가가 가난하게 사는 모습은 매우 불교적으로 보이기도 해요. 가난하지만 불평불만 없이 행복하게 사는 사람들? 대략 이런 모습을 떠올리죠. 그러니까 제 친구처럼 불교 국가는 가난하다는 생각을 하게 되는 것 같아요.

엄마&아들

'무소유'는 단순히 재물을 갖지 않는다는 뜻이 아니야. 불교에서 '무(無)'자는 없다는 뜻이 아니라 심오한 진리를 내포하는 글자란다. 예를 들어, 백억을 가졌어도 오만함 없이 그 돈을 나와 남을 위해 현명하게 쓴다면 무소유를 아는 사람인 거야. 그렇지만 수중에 10만 원밖에 없는데 돈에 대한 걱정과 갈망으로 꽉 차고, 그 돈마저 무의미하게 유흥비 등으로 써버린다면 그는 무소유와 상관없는 사람이야.

'무소유'란 그저 '소유하지 않는다.'라는 뜻이 아니네요? 100억을 가져도 무소유일 수 있다니…. 뜻밖인데요?

무소유를 '재물을 안 가질수록 좋다.'라는 식으로 잘못 해석하면, 큰일 나는 거야. 무능하고 게으른 사람들이 많아질 텐데, 그러면 나라 전체가 가난해질 수 있어.

그렇다면 엄청난 부를 소유하고도 무소유로 살 수 있다는 얘기네요. 그렇게 살 수 있다면 정말 멋질 것 같아요.

그래. 부처님께서 돈 버는 방법에 대해 설해주신 경전이 있다는 걸 아니? 부처님 시대에도 사람들은 생사를 초월하는 법보다는 당장 돈 버는 일이 급했단다. 그런 사람들을 위해 부처님께서 돈 버는 법부터 시작해서 돈 관리하고 쓰는 법까지 자상하게 알려 주셨어. 부처님께서 가르쳐 주신 돈 버는 방법은 여러 가지인데 그중 하나가 '자기 하는 일에 유능해져라.'야. 내가 맡은 분야에서 전문가가 돼서 세상 사람들에게 많은 이익을 줘가며 돈을 벌고, 그 돈을 나와 가족을 위해 쓰고, 여력이 되면 사회에 환원하기도 하고…. 불교는 이렇게 사는 방법을 가르쳐 준단다.

불교는 굉장히 추상적이고 형이상학적인 줄 알았는데 부처님께서 그렇게 현실적인 말씀을 해주셨다니, 정말 신기해요.

단언컨대, 불교는 완벽하게 현실적인 종교란다. 부처님 법문을 계속 배우고 실천해가면, 반드시 내가 살고 있는 현실이 좋아져야 해. 그렇지 못하면 그건 불교를 잘못 배우고 있는 거란다.

진정한 무소유

단순히 '물질을 소유하지 않는 것'은 무소유(無所有)가 아니다. 비록 재물을 소유하지 않아도 소유욕이 남아 있으면 '무소유'가 아니다. 반면, 재물을 소유하더라도 소유욕이 없으면 이는 '무소유'가 된다. 즉, 물질의 소유 여부와 상관없이, 소유하고자 하는 마음의 유무에 따라 소유냐, 무소유냐를 결정할 수 있는 것이다.

만일, 무소유를 문자 그대로 해석하여 '물질을 갖지 않는 것'으로 정의해버리면 부작용이 따르게 된다. 사람들은 현실을 등지게 되고, 각자 맡은 역할을 소홀히 할 수 있다. 이렇게 되면 세상은 점점 퇴보하게 된다.

불교는 '잘 살기' 위한 종교이다. 불교는 세상의 물질적 가치 자체를 부정하지 않는다. 대승 불교는 이타행을 통하여 물질적으로 풍요로운 삶을 누리고, 나아가 정신적인 깨달음을 추구한다. 아무런 집착 없이 바르게 얻어서 바르게 쓰는 것이 대승불교의 무소유이다. 중생을 이롭게 하여 재물을 얻은 후에, 중생을 위하여 적재적소에 잘 쓰는 것이 진정한 무소유이다.

― 월간 『생활속의 대자유』 2010년 4월호, 여시아문

넌 어떻게 생각해?

\# 어느 정도의 부를 가져야 만족할 수 있을까?

\# 무소유와 검소함은 어떤 차이가 있을까?

\# 재물을 잘 운용하는 방법에는 어떤 것들이 있을까?

엄마&아들

기도하면 원하는 대로 이뤄지나요?

🎧 4월에 삼겹살 먹고 체하고, 몸무게도 계속 줄고 그 이후엔 인후염, 후두염 걸리고, 우울한 학기였어요. 그런데 혹시나 해서, 징병 검사를 다시 받았는데, 공익 판정을 받은 거예요. 보통 체중 미달로 공익 받으려면 몇 개월에 걸쳐 3차례 검사를 통과해야 하는데, 전 쉽게 판정을 받아서 어리둥절했어요. 뜻밖의 선물을 받은 기분이랄까요? 제가 여름방학 때 해탈 선법에 참가했잖아요? 아무래도 부처님 가피로 이런 행운이 찾아온 것 같아요.

💬 공익 판정받아서 기분 좋은 거지? 사실 엄마도 기뻤어, 아빠는 좀 생각이 다르신 것 같지만….

🎧 대학원 떨어지면 바로 입대란 생각이 들면 얼마나 스트레슨

데요. 생각해보면, 전 어릴 때부터 부처님께 기대서 살아왔던 것 같아요. 중학교 때 골절사고 연달아 나고 아플 때도 100일 기도한 다음에 큰 뱀 잡는 꿈을 꾸고 나서부턴, 다친 적이 없어요. 고등학교 때 제가 마음 못 잡고 방황할 때도 엄마가 법당에서 매일 입시 기도하셨어요. 그때부터 마음잡고 공부해서 대학 들어갔잖아요?

그래, 너는 어릴 때부터 병치레가 많아서 부처님께 유독 의지를 많이 했었어. 덕분에 일찌감치 신심(信心)이 생겼으니까 고생이 나쁜 것만은 아니야.

그런데 인생의 난제(難題)들이 술술 풀리니까 게을러진 것 같아요. 할머니들이 왜 그렇게 평생 기복(祈福)만 하는지 이해가 되고요. 제 나이 겨우 22살인데 벌써 기복에 심취하다니, 한심한 생각도 들어요. 부처님께서 기복만 가르치셨을 리는 없을 텐데 말이에요.

맞아. 부처님께 기도해서 모든 고통이 해결될 수 있다면 부처님께서 48년 동안 맨발로 인도 전역을 다니시면서 법을 설하실 리 없잖니? 그리고 경전도 안 남기시고. 그냥 이곳저곳에 기도처를 만들어서 기도만 시키셨겠지.

그러네요, 그래도 부처님 힘에 의지해서 고민이 해결되는 게 얼마나 달콤한데요. 지윤이 누나도 삼성 면접 때 평소의 자기가 아닌

엄마&아들

것처럼 말이 술술 나와서 합격했다면서요? 이런 경험을 하면 기복에 안 빠질 수 없는 거죠.

하긴, 엄마도 처음에 기복을 목적으로 왔다가 기복이 너무 잘되니까 나태해졌던 적이 있어. 기복하는 와중에 법문을 계속 듣다 보니 조금씩 눈이 떠진 거지. 그런데 기복이 잘된다고 계속 기복만 추구하면 더욱더 탐욕스러운 존재로 변모할 수 있어. 그렇게 되면 부처님께서 도와주신 보람도 없고 너무 죄송한 거잖아?

왜 그럴까요? 기복으로 현실이 편안해지면 마음도 너그러워지고 남에게 더 많이 베풀 수 있을 것 같은데요?

당나라 때 재상 요숭이란 사람이 있었어. 우리나라로 치면 황희 정승 같은 분인데, 3명의 황제를 잇달아 모셨던 중국 역사상 최고의 재상으로 평가받는 분이야. 당 현종 때 엄청난 수의 메뚜기 떼가 중원 곡창지대에 출몰해 농작물을 다 갉아 먹어대는 일이 생겼어. 당시 스님들은 하늘의 재앙이니 하늘에 기도하자고 했는데, 요숭이 밤에 모닥불을 피워 메뚜기를 불로 유인해서 태워 죽이는 방법을 고안했단다. 그렇지만 조정 대신들마저도 스님들에게 동조해서 하늘의 뜻인데 기도해야지, 인간이 메뚜기를 죽이면 안 된다고 한 거야. 그러니 황제도 메뚜기를 죽여야 할지 말지를 망설이게 된 거야. 그때 요숭이 나서서 황제에게, 이제까지 메뚜기 퇴치 방법을 모르다 보니 하늘의 뜻으로 생각해왔던 거라며 해충을 죽이는 일은 마땅히 해야 한다고 말한 거야. 그러면서 황제에게 자기 직위를 걸고 책임지겠다며 강하게 밀어붙였어. 그런 다음, 그는 직접 농가를 돌면서 모닥불을 피워 시범을 보이면서 메뚜기 떼를 박멸했어. 결국 메뚜기 900만 마리를 섬멸해서 흉년을 막았으니, 나라를 구한 셈이지.

당나라 때는 불교가 성행했던 시기이죠? 그런데 스님들이 메뚜기 박멸을 기도로 해결하려고 한 건 뭔가 뒤떨어진 사고 같아요.

그렇지? 당나라 때 불교는 그야말로 극성기(極盛期)를 누렸어. 제왕부터 귀족, 평민까지 모든 계층의 지지를 받았었거든. 그렇지만 메뚜기 떼 사건을 대하는 스님들 행태로 미루어 보면, 당시 불교도 기복에 치우쳤던 게 아닐까 싶어.

기복만 하면 인간의 노력으로 해결할 수 있는 일도 무조건 부처님께 의지하게 되고, 그러다 보면 인간이 우매해질 수 있다는 뜻인 거죠?

그래, 불교는 지혜의 종교란다. 지혜는 진리의 세계에 도달할 수 있는 핵심이라서, 우리는 부지런히 부처님 경전을 배우고 실행해서 지혜를 갖춰야 해. 다만, 현실이 너무 고달파서 경전이 귀에 안 들어오는 사람들을 위해 기복이란 통로를 열어주신 거야. 기복을 통해 부처님과 인연도 짓고, 감당하기 어려운 위기도 해결해주시는 거야.

> 엄마&아들

🎧📢 기복하는 바가 이루어졌다고 게을러져서 자꾸 부처님께 의지만 하면 안 되겠네요.

🐑📢 물론이야, 부처님께서 해 주실 일이 있고 내가 해야 하는 일이 있는 거야. 처음엔 그걸 구분하기 힘들지만, 법문을 듣고 사유하다 보면 알게 돼. 기복을 통해 급한 불을 껐으면 감사한 마음으로 부지런히 네가 할 일을 해야 한단다. 어떤 종교가 됐든, 기복만 계속해서 강조한다면 그 종교는 사이비 종교일 가능성이 농후해. 바른 종교는 믿을수록 사람이 지혜롭게 변하지만, 사이비 종교는 믿을수록 사람이 어리석게 변한단다.

기복의 한계

불교를 기복 신앙의 대명사처럼 여기는 사람들이 많다. 팔공산 갓바위에 대고 기도하면 진학의 소원이 이루어진다고 입시 철만 되면 불자들로 북새통을 이룬다. 그 밖에도 불교가 칠성각 등 민간 신앙을 포용하면서 전파되다 보니, 불교가 기복 종교라는 인식이 널리 퍼져 있다. 그러나 이는 불교를 정확하게 이해하지 못하여 생긴 오해이다.

부처님께서 성도(聖道)하신 후, 중생들에게 전하고자 하신 가르침이 고작 복을 나누어주시기 위함은 아니다. 불교는 일체의 고통에서 벗어나 영원한 행복을 찾을 수 있는 근본적인 방법을 알려주는 위대한 종교이다. 그런데 기복을 불교의 전부인 것처럼 오해하면 곤란하다.

생계를 잇지 못할 정도로 가난하거나 극심한 정신적인 고통으로 괴로움에 처하면, 직면한 고통에서 벗어나고자 기도를 한다. 현생뿐만 아니라 오랜 전생부터 지어 놓은 악업과 악연으로 인한 고난은 스스로의 힘으로 극복하기 무척 어렵다. 이럴 때는 불보살님들께 기도해서 해결할 수 있다. 지극 정성으로 기도를 올리면 불보살님은 당면한 어려움을 원만히 넘기도록 복을 내려 주신다.

하지만 기도가 통한다고 해서 유사한 기복 기도를 계속 올리면 더 이상 들어주시지 않는다. 왜일까? 모든 문제의 원인은 기도하는 자신한테 있으므로, 스스로 문제의 원인을 찾아서 풀어야 하기 때문이다. 불보살님이 기복 기도를 계속 들어주면, 당사자는 문제의 원인을 모르니 계속해서 같은 잘못을 저지르게 된다. 이처럼 근본 문제를 해결하지 않고, 임시방편에만 의지하다 보면 언젠가는 나락에 빠지게 된다. 이는 사탕을 달라고 조르는 아이에게 계속 사탕을 주지 않는 부모의 심정과 같다. 아이 요구대로 사탕을 계속 주면, 아이의 치아는 썩을 수밖에 없다. 마찬가지로 불보살님은 중생을 어린아이로 생각하므로 중생의 기복 기도를 무조건 다 들어주지 않으신다.

지금 겪고 있는 어려움은 결국 자신이 복을 짓지 않고 죄업이 많아서 생긴 일임을 알아야 한다. 스스로 복 짓는 일을 하지 않고 복을 얻겠다는 마음은 욕심의 발로이며, 자신의 죄를 사해 달라고 비는 일은 성인(聖人)에게 자신이 지은 죄를 대신 짊어져달라고 부탁하는 몰염치한 행동이다. 길흉화복은 자기 행위의 결과로 받은 것이므로, 본인 스스로 갚거나 받아야 한다.

그러므로 기복 기도를 통하여 한두 번 가피를 입어 편안해지면, 자신의 잘못된 점을 고쳐서 더 이상 죄를 짓지 않도록 해야 한다. 즉, 기복 기도를 통해서 당면한 어려움을 한고비 넘기면, 참회 기도를 통하여 어려움이 발생한 원인을 알아내고 제거하려는 노력을 해야 한다.

참회기도는 자신이 지은 죄를 참회하면서 더 이상 죄를 짓지 않겠다고 불보살님께 다짐하는 것이다. 모든 문제의 원인이 남이나 주변 환경 탓이 아닌, 내가 전생과 이생에 지었던 죄 때문이라는 사실을 마음속 깊이 알게 될 때, 진정한 참회 기도가 시작된다. 진정한 참회 기도를 드리면 행동이 변한다. 모든 문제의 원인이 탐진치로 물든 자신의 마음에서 시작된다는 것을 알고 그 마음을 정화하고자 하는 노력이 행동으로 나타나기 때문이다. 이처럼 참회 기도는 문제의 원인을 찾아서 스스로 제거하여 벗어나겠다고 다짐한 사람들이 올리는 기도이니 수행의 시발점이 된다.

넌 어떻게 생각해?

\# 살면서 기도하고 싶었던 순간이 있었다면?

\# 복을 빌기 위해 종교를 믿는다면, 어떤 문제가 생길까?

엄마&딸

아픈 사람들이 종교를 많이 찾던데요

🔊 먹기만 하면 더부룩하고 신물이 올라오니까 너무 힘들어요. 음식 먹기 두려워서 끼니를 걸렀더니 1주일 사이에 2키로가 빠졌어요.

🔊 소화기가 약해서 고생하는 사람은 오빠였는데, 같이 지내니까 체질까지 닮는가 보다.

🔊 오빠가 늘 소화 안 된다며 인상 쓰고 다닐 때는 엄살이 심하다 싶었는데, 막상 제가 두 달째 아파 보니까 힘드네요. 만사 의욕도 없고 우울하기까지 해요.

🔊 넌 어릴 때부터 잔병치레도 별로 없이 건강했는데 갑자기 아프니까 얼마나 힘들겠어. 아무래도 집 떠나서 자취하다 위장병에 걸린 것 같다.

그런 것 같아요. 불규칙한 식사, 스트레스, 편의점 음식…. 이런 일상이 쌓이다 보니 문제가 생긴 것 같아요. 막상 아파 보니 의욕도 없고, 건강이 최고라는 생각이 드네요.

고작 스무 살에 건강이 최고라고 하다니, 많이 힘들었나 보다.

사람은 가진 것을 잃고 나서야 그 가치를 알게 되나 봐요. 아프기 전엔 건강이 소중한 걸 몰랐어요. 골수염 걸려서 입원과 퇴원을 반복하다 결국 휴학했던 고등학교 때 친구도 생각나고요.

그래, 나이 들면 누구나 아프기 마련이지만 어릴 때 큰 병을 앓는 경우도 꽤 있어. 부처님께서 병고(病苦)를 인간의 4대 고통 중 하나로 보셨을 정도로, 몸 아픈 건 정말 힘들단다. 의술이 발전해서 평균 수명이 늘어났다 해도 여전히 난치병은 넘쳐나거든. 아직 원인조차 알 수 없는 병들이 수두룩해.

그렇게 의학적으로 못 고치는 병들이 많으니까 기도로 병을 고치려고 하는 걸까요? 입원한 친구 문병 갔더니, 자기를 위해 기도해 달라고 했던 기억이 나서요. 지나가던 스님한테 병을 고쳤다거나 무당한테 굿을 해서 병을 고쳤다는 전설 같은 이야기도 내려오잖아요.

엄마&딸

🔊 그럴 수 있어. 질병의 원인은 수없이 많겠지만, 크게 보면 5가지 정도로 구분할 수 있단다. 잘못된 생활 습관, 스트레스, 감염, 접신, 전생의 업보 등인데, 접신이나 전생의 업보에 의한 병은 현대 의학으로 고치기 어려운 경우가 대부분이야. 이런 병들은 영적으로 능력 있는 분들을 만나야 고칠 수 있어.

🔊 무당과 영적으로 능력 있는 분은 어떤 차이가 있는 거죠?

🔊 하늘과 땅만큼 엄청난 차이가 있지. 무당은 신내림을 받아서 신의 능력 한도 내에서 사람들의 고충을 해결해주며 살아가는 사람이야. 본인의 인생은 신에게 저당잡혔기 때문에 대부분 평생을 불우하게 살아간단다. 그렇지만 영적 능력을 갖춘 분은 수행을 통해 자연의 기운을 운용해서 타인의 업보를 소멸케 해줄 수 있고, 더 이상 악업을 만들지 않는 방법까지 알려주시는 분이야. 무당은 흔하게 만날 수 있지만, 원력과 지혜를 갖춘 스승은 희귀하기 때문에 만나기 어려워.

🔊 영적인 원인으로 아픈 사람들은 아무리 뛰어난 명의를 찾아가도 고치기 어렵겠네요? 그럴 땐 정말 막막할 것 같아요. 그래서 병 고치려고 기도를 한다, 점을 보러 간다고 하나 봐요.

🔊 그래, 맞아. 당사자 입장에서는 얼마나 답답하겠니? 엄마도 예전에, 그런 병에 걸려서 가위눌리고 먹지도 못하고 고생하다가 부처

님 가피를 입고 건강이 회복된 경험이 있었어. 그 일을 계기로 불교 공부도 하게 되었으니, 아팠던 게 오히려 행운이었던 셈이지. 그래서 기도해서 병을 고칠 수 있다는 얘긴, 맞기도 하고 틀리기도 해.

신기하네요. 사람들이 부처님께서 병 고치는 능력이 있다는 걸 알게 되면 병원 대신 다들 절에 가서 기도만 하는 거 아닐까요?

병 생기면 무조건 부처님께 기도해서 낫겠다고 하는 건 어리석은 생각이야. 영적인 문제로 생긴 병이야 도움을 받을 수 있겠지만, 안전사고로 다쳤다거나 폭음, 폭식으로 생긴 병은 병원 다니면서 치료받고 본인이 생활 습관을 고쳐야 나을 수 있지.

그렇지만 환자 입장에서 스스로 병의 원인을 찾는다는 게 어렵지 않을까요? 그러다 보면 병 고치러 여기저기 다니다 안 돼서 부처님께 기도하러 오게 될 것 같아요.

대부분 그렇지, 우리는 보이지 않는 세상에 대해 무지한 편이거든.

현대 의학으로 못 고치는 병을 부처님 도움으로 고쳤다면 거의 기적인 거잖아요? 이런 사실을 적극적으로 홍보하면 불교 신도가 많아질 것 같은데…. 불교는 이런 기적에 대한 홍보를 별로 안 하는 것 같

> 엄마&딸

아요. 왜 그럴까요? 어떤 종교는 작은 소원 한 가지만 이뤄져도 기적이라고 떠들썩하던데요.

그래서 부처님을 알면 알수록 존경스러운 거야. 유명 대학병원을 전전하면서도 못 고친 중병(重病)을 고쳐주시고도, 그건 일시적인 해결일 뿐이라고 말씀하신단다. 당장은 병에서 벗어났지만 언젠가는 죽음을 겪어야 하니까, 영원히 생로병사로부터 자유로워지는 방법을 알려주시는 거야. 그게 바로 불법(佛法)이란다.

굉장해요. 제가 만일 부처님 같은 능력을 갖고 있다면, 그 능력을 사용해서 부와 명예를 얻으려고 했을 것 같아요.

그런 걸 중생심(衆生心)이라고 하는 거야. 우리는 타인에게 작은 선행을 베풀고도 생색내느라 바쁘거든. 그런데 부처님은 엄청난 걸 해주시고도 거기 머물지 말라고 하시거든. 그래서 우리는 자비하신 부처님 앞에 예불을 드리는 거란다.

영적인 능력

영적인 능력을 갖추는 방법은 3가지가 있다.

첫째, 다수의 사람(들)으로부터 추종을 받으면 능력이 생긴다. 대다수의 신(神)(들)은 이러한 방법으로 능력을 얻는다. 마치, 온 국민의 지지를 받으면 대통령이 되어 권력을 행사할 수 있게 되는 것과 같은 이치이다. 그러나 국민의 마음이 돌아서면 대통령의 힘도 사라진다. 신(神)들도 마찬가지이다.

둘째, 본인이 수행을 해서 능력을 얻을 수 있다. 수행으로 얻은 능력은 추종자들이 모이든 흩어지든 상관없이 능력을 지니게 된다. 다만, 이런 방식으로 능력을 얻는 것은 굉장히 어렵다. 특출한 근기를 가진 극소수를 제외하면, 자력으로 능력을 갖기는 거의 불가능하다.

셋째, 성인(聖人)들로부터 능력을 전수받는 방법이 있다. 이렇게 얻은 능력은 전수해주신 성인이 능력을 거둬가지 않는 한, 능력을 계속 지니게 된다.

전수받고 수행하여, 자기 능력으로 소화시키면 모두 자신의 능력이 된다. 이 방법이 제일 빠른 방법이다. 성인들로부터 능력을 전수 받으려면 중생을 구제하려는 마음이 절실해야 한다.

— 『삶과 영혼의 비밀』, 186쪽

> 넌 어떻게 생각해?
>
> \# 병원에서 고치지 못하는 병은 어떤 것이 있을까?
>
> \# 생명이 있는 것들은 왜 늙고, 병들고, 죽는 걸까?

엄마&아들

영원한 행복은 어떤 걸까요?

🔊 교회 가자고 졸라대는 친구가 있어요. 저는 부처님 믿는다고 했더니, 불교 믿으면 천국에 못 간다는 거예요.

🔊 왜 불교를 믿으면 천국에 못 간다는 거지?

🔊 불교에는 하나님이 없기 때문이라는 거죠. 기독교를 믿으면 하나님이 구원해주시는데, 불교에는 구원해 줄 하나님이 없다는 거예요. 사실, '부처님 믿으면 천국 간다.'라는 이야기를 못 들어본 것 같긴 해요.

🔊 넌 구원(救援)이 뭐라고 생각하니?

엄마&아들

🎧 구원이란 뭔가 고난에서 건져주는 느낌? 예를 들면, 사업실패로 자살하려던 사람이 우연히 얻은 로또가 당첨되는 것이나, 혹은 억울한 누명을 쓰고 감옥살이 중인데, 정의감 넘치는 변호사의 도움으로 무죄가 입증되는 것, 이런 일들이 구원 아닌가요? 그렇지만 종교적 구원은 좀 다를 것 같아요. 뭔가 죽음 이후의 일을 생각해야 할 것 같아요. 'OO교를 믿으면 죽고 나서 천국에 가서 영원히 행복하게 살 수 있다.'라는 신념이 대표적인 거죠.

🎧 그런데 불교에선, '부처님을 믿으면 천국에 간다.'라는 식의 이야기를 별로 들어본 적이 없는 것 같다는 말이지?

🎧 맞아요. 그럼 불교를 믿으면 어떤 구원을 받는 거지? 이런 생각이 드는 거예요.

🎧 구원(救援)에도 등급이 있어. 28천이라고 들어봤니? 천상도 크게 28개의 세계가 있다는 거야. 천상도 낮은 레벨부터 최상위까지 존재한다는 건데, 마치 지구상에 미국부터 방글라데시까지 다양한 나라가 존재하는 것과 마찬가지야.

🎧 그럼 지옥도 여러 세계로 분류되나요? '신과 함께'란 영화 보면 지옥 종류가 많이 나와요.

　　그래. 경전에 화탕지옥, 얼음 지옥 등등 여러 종류의 지옥이 묘사되어 있어. 각 지옥마다 해당하는 죄목 및 형벌의 종류도 세세하게 묘사되어 있고….

　　그렇다면 불교에도 천국과 지옥이 있는 거네요.

　　물론이야. 죽고 나면 생전에 어떤 종교를 믿었는지, 선행과 악행을 어떤 비율로 했는지에 따라 영계에 갖가지 세상이 존재해. 그중에 대체로 살기 좋은 곳들을 천국, 살기 힘한 곳을 총칭해서 지옥이라고 하는 거지. 석가모니 부처님도 천상 중에 도솔천이란 곳에서 4000년 동안 호명보살로 계시다가 인간 세계로 오셔서 부처를 이루셨다고 기록되어 있어.

　　도솔천은 어떤 곳이죠?

　　미륵보살님이 설법하시는 곳인데, 거기 사는 천인(天人)들은 오욕을 충분히 즐기면서도 수행 정진하는 곳이라고 해.

　　엄청 좋은 곳 같네요. 그럼 부처님 믿으면 사후에 천상에 가서 즐겁게 살 수 있는 거잖아요. 그런데 왜 그런 사실을 적극적으로 홍보하지 않죠?

엄마&아들

🗨️ 천상의 행복이 영원하지 않기 때문이야. 천상이 이 세상에 비해 환경도 좋고 즐거운 일이 지천이지만, 본인이 쌓은 복이 다하면 천상에서 나와야 한다는 거야. 마찬가지로 아무리 극악한 지옥도 정해진 기한이 되면 나오게 되어 있어.

🗨️ 음, 결국 천상에 태어나도 정해진 기간이 있다는 거고, 다시 괴로움 가득한 곳에 태어날 수도 있다는 건가요?

🗨️ 그래, 그런 걸 윤회고(輪回苦)라고 하는 거야. 부처님께서는 유한한 즐거움엔 큰 가치를 두지 않으신단다. 보는 안목이 우리랑 다르신 거야. 그런데 만약에, 생각이 좁고 남을 비난하기 좋아하는 성품을 지닌 사람이 천국에 가면 행복할 것 같니?

🗨️ 글쎄요? 뭐, 천국은 풍요롭고 살기 좋은 곳이라니까 일단 가기만 하면 행복하지 않을까요?

🗨️ 잠시 잠깐은 그럴 수 있지만, 오래가진 못해. 어떻게 예를 들어야 할까? 틈만 나면 남을 헐뜯고 이용해 먹는 성품을 지닌 사람이 천국에 갔다고 치자. 처음엔 좋은 환경 덕에 즐거울 수도 있지만, 시간이 흐르면 어쩔 수 없이 본인의 내면 의식이 튀어나오게 되어 있어. 반면, 긍정적이고 현명한 사람은 열악한 환경 속에서도 스스로 행복을 만들어간단다.

🔊   그럼 인간의 행, 불행이 주위환경과 아무 상관도 없단 말씀이세요?

🔊   아니, 그런 게 아니라, 좀 더 근원적인 부분을 말하는 거야. 행, 불행을 결정짓는 주된 요인은 각자의 내면 의식이란 얘길 하는 거지. 질투심 많고 편견이 심한 사람은 환경에 상관없이, 본인이 계속 괴로움을 만들어내게 돼. 물론, 이 사람이 환경마저 나쁘면 괴로움은 가중되겠지만, 환경이 좋아도 내면에서 솟아나는 괴로움은 해결되지 않아.

🔊   약간 이해가 될 것도 같아요. 똑같이 열악한 환경에서 큰 성취를 이루는 사람이 있는가 하면, 재벌가 손녀가 마약 사범이 되기도 하니까요.

🔊   구원은 '본인의 인식(認識) 수준을 높이는 것'이란다. 인식은 부귀빈천(富貴貧賤)과 상관이 없어. 재벌가 자손이라도 인식 수준이 낮으면 저급하고 괴로운 삶을 살게 되는 거야.

🔊   인식 수준을 높이면 천국에 가지 않아도 행복해진다는 건가요?

🔊   부처님께서는 인식 수준이 높아지면, 높아진 만큼 장소에 상관없이 행복해진다고 단언하셨어. 그렇게 계속 인식 단계를 높여가다,

> 엄마&아들

더 이상 높아질 곳이 없는 상태를 무상정등각(無上正等覺)이라고 한단다. 이 상태가 바로 완전한 구원이고, 모든 괴로움에서 벗어난 해탈(解脫)인 거야.

🧒🔊 아, 그럼 부처님께서는 우리한테 스스로 노력해서 구원하라고 하시는 건가요? 부처님 힘으로 우리를 좋은 곳에 데려가 준다거나, 그런 일은 안 해 주시는 거예요? 왠지, 절대자라면, 믿고 따르는 사람들을 좋은 곳에 단번에 보내주어야 할 것 같은 느낌이 들어서 그래요.

👩🔊 그런 걸 중생의 욕심(慾心)이라고 하는 거야. 별 노력 없이 누군가에게 기대서 좋은 곳에 가고 싶은 마음 말야. 사실, 엄마도 그런 생각을 하던 시절이 있었어. 그러다 불교를 배우면서 어느 순간 알게 된 거지.

🧒🔊 그래도 스스로 노력해서 최고 경지에 간다는 건 어쩐지 불안해요. 그게 되려나요?

👩🔊 쉽진 않겠지만, 가능한 일이라고 하셨고 그 방법까지 구체적으로 제시해주셨단다. 그리고 진심으로 부처님을 믿고 따르면 업을 소멸해주시고 온갖 가피로 보호해주시니까, 걱정 안 해도 돼.

호명 보살과 도솔천

호명 보살이 도솔천에 태어나서 그 하늘의 수명으로 4천 년을 누리면서 모든 중생을 교화하셨다. 이렇게 오랜 수명을 누리면서 한량없는 복락을 받았다. 4천 년의 기한이 다 되어 가자, 다섯 가지의 나쁜 징조가 나타났다.

첫째는 머리 위 꽃송이가 시들어가고, 둘째는 겨드랑이 밑에서 땀이 나며, 셋째는 옷에 때가 끼고, 넷째는 몸에 위력의 빛이 없어지며, 다섯째는 앉은 자리가 불안하였다.

그때 도솔천 사람들이 호명보살에게 이 다섯 가지 징조가 나타남을 보고 큰 소리를 내어 울부짖었다. "슬프도다. 우리 대왕님께서 오래지 않아 도솔천을 떠나니 우리는 누구를 의지하여 살 것인가?" 그 울음소리가 천궁을 진동하며 욕계 육천을 지나 색계의 마지막 하늘인 색구경천까지 울렸다. 또 아래로는 야마천, 도리천, 사왕천까지 진동하여 그 천인들이 몸을 떨면서 호명보살께 경례하며 슬퍼하였다. 그때 호명 보살은 그들에게 이르셨다.

"내가 이제 이 천상에서 명이 다하여 인간에 나게 되리라. 이 몸은 무상한 것이며, 부정한 것이며 괴로운 것이다. 그 누가 능히 이 무상의 괴로움을 벗어날 것이냐? 나는 자는 반드시 죽고 만나면 마침내 이별하는 것이 이 세상의 법칙이다. 그러므로 나고 죽음이 없는 보리를 성취하여 열반의 피안에 이르게 되리라."

그리고 호명 보살은 금단천자에게 명하였다.
"내가 장차 남섬부주(인간계)에 태어나서 도를 닦아 정각을 성취하려 하나니, 너는 남섬부주에 내려가서 그 종족이 깨끗하고 복덕을 갖춘 집을 가리어 나의 부모가 되도록 하여라."
금단천자는 그 명을 받고 남섬부주에 내려와서 순회하면서 호명보살이 태어날 만한 곳을 물색한 후, 도솔천에 올라와서 호명보살에게 보고하였다.

(중략)

"착하다. 네가 바로 관찰하였다. 나 또한 그렇게 생각하였느니라. 금단천자여, 옛적에 일생보처보살이 태어나는 것은 60가지 공덕이 구족되어야 하느니라. 그리고 그 어머니 될 분은 32종의 공덕을 갖추어야 하느니라. 부모의 혈통이 깨끗하며 신체가 원만하며 덕행이 구족하며 용모가 매우 단정하여 여러 사람의 칭송을 받으며 항상 좋은 일을 생각하며 항상 착한 일을 행하며 삿된 마음이 없으며 들은 것이 많고 아첨하는 일이 없으며 속이거나 성내거나 시기 질투하는 일이 없으며 간탐심이 없으며 성품이 유화하여 조급하지 않으며 모든 사람을 사랑하고 용서하는 것 등이니라. 이러한 공덕을 갖추어야 일생보처보살이 그 태에 들어가느니라."

호명보살이 인간계에 태어날 곳을 이미 결정하고 다시 말씀하시기를 "내가 이제 인간계에 태어나려 함은 세속의 온갖 보물과 오욕의 쾌락을 위해서가 아니고 오직 최상의 정각을 성취하여 저 중생들을 제도하여, 나고 죽음의 고해에서 벗어나게 하기 위함이로다."

그때 수없는 천인과 천녀가 구름처럼 모이며 보살이 이 천국을 떠나 인간에 강생함을 슬퍼하였다. 호명 보살은 그들을 위하여 다시 설법하였다.

"너희들은 근심하고 괴로워 말라. 만나면 이별하고 나면 죽는 것이 이 세상의 상법이다. 그러므로 너희들을 위하여 이미 무상법을 말하였으니 잊어버리지 말도록 하라. 그러한 나고 죽음의 괴로움을 영원히 여의기 위하여 내 이제 인간에 강생하여 최상의 정각을 이루어 미묘한 법륜을 굴릴 것이다. 너희들도 나를 따라 인간에 나게 되면 장차 온갖 번뇌의 고통에서 벗어나게 되리라."

그리고 보살은 조용히 선정에 들어서 장차 인간에 강신하여 '마야 부인'의 태에 들려 하였다.

> 넌 어떻게 생각해?
>
> \# 구원이란 무엇일까?
>
> \# 종교마다 구원의 의미가 다른데 알고 있니?

엄마&아들

만들어 놓은 형상에 빈다고 소원이 이루어지나요?

🎧 불교가 우상을 숭배하는 종교라는 이야기 들어보셨어요?

🌸 불상 앞에서 절하는 거 때문에 그러는 거지?

🎧 그렇죠. 게다가 절에 가면 대웅전 뒤편에 산신각도 있고, 여기저기 다니면서 절하고 빌고 하니까 그런 얘길 듣는 것 같아요.

🌸 새해 첫날 할머니를 비롯해서 일가친척들한테 세배하잖아? 그러면서 덕담도 듣고 세뱃돈도 받고, 그러면 그것도 우상숭배일까?

🎧 에이, 말도 안 돼요. 그거야 명절 풍습인 거죠. 그리고 할머니가 무슨 우상이에요? 우리를 키워주고 사랑해주신 분이니까 감사의 의미로 절하는 거죠.

그래, 뭐든지 눈에 보이는 행위로 판단해버리면 사견(邪見)에 빠질 수 있어.

그러면 불상 앞에 절하는 의미를 어떻게 해석하면 될까요? 일가친척한테 세배하는 것과는 다를 거잖아요? 사극 드라마에 등장하는, 장독대에 물 떠 놓고 치성 드리는 거하고도 다른 거죠?

당연히 의미가 다 다르지. 무엇보다, 대웅전 불단(佛壇)에 모셔놓은 불상(佛像)이 부처님이 아니란 것부터 알아야 해. 금강경이란 경전 들어봤지?

들어는 봤지요. 불교에서 유명한 경전이죠?

그래, 금강경은 깨달음으로 들어가게 해주는 최상승법을 설한 경전이야. 거기에 '만약 모양으로 부처를 보려 하거나 음성으로 찾는다면, 그 사람은 그릇된 길을 가게 되므로 능히 부처를 볼 수 없다.'라고 되어 있어.

무슨 뜻인지 와닿진 않지만, 어쨌든 부처님은 눈으로 보거나 귀로 들을 수 없는 존재란 뜻 같네요. 그렇다면 왜 불상을 만들었나요? 그냥 부처님 법문을 공부하고 행동해서 깨달으면 될 텐데, 불상(弗像)을 만들어서 절하게 하도록 할 필요가 없는 거 아닌가요?

엄마&아들

🔊 우리 모두가 금강경을 듣는 1250 비구들 수준이라면 그게 가능했을지 몰라. 무슨 말인가 하면, 대다수의 평범한 사람들은 뭔가 눈에 보이는 의지처가 필요하단 뜻이야. 불상이 부처님은 아니지만, 사람들이 마음속으로 부처님을 생각하면서 불상을 만든 거야. 그 앞에서 몸과 마음을 단정히 하고 수행하는 자세를 다잡는 거지.

🔊 그렇다면, 불상은 우상이 아니라 하나의 상징물인 거네요. 불상의 의미를 모르면 오해의 소지가 많겠어요. 그런데 드라마를 보면, 불상 앞에서 계속 절하면서 뭔가 소원을 간절하게 비는 장면이 많이 나와요. 그분들이 부처님을 생각하며 수행의 자세를 돌아보는 것 같지는 않거든요?

🔊 그래, 엄마도 불상의 의미를 배운 건 얼마 되지 않아. 엄마 친정이 다 불교 집안이었는데, 어릴 때 집안 어른들 따라 절에 가면 모두 불상 앞에 엎드려 절하면서 소원 성취를 비는 모습들이었어. 그때는 불상이 부처님인 줄 알았고, 부처님은 소원 들어주시는 분인 줄 알았었지.

🔊 지금도 대부분 사람은 그렇게 생각하고 있는 게 아닐까요?

🔊 그럴지도 모르지.
불상이 부처님인 줄 알고 그 앞에 복을 비는 걸 기복(祈福) 불교, 또는 인연(因緣) 불교라고 한단다. 이것도 부처님께서 허용해주신 불교의 일부이긴 해. 금강경처럼 '최상의 깨달음'으로 가는 법을 설하신 경전은, 애석하게도 대다수 평범한 사람들이 알아듣기 힘들단다. 그러다 보니, 부처님께서는 근기 약한 중생들 눈높이에 맞추어 기복 불교를 개설해주신 셈이지. 일반적으로 사람들은 신상에 힘든 일이 닥칠 때 종교를 찾는 경향이 있어. 그럴 때 부처님 전에 간절히 기도하면, 부처님께서 소원을 들어주시면서 깨달음의 길로 이끌어주시는 거지.

그렇다면 아무래도 기복 불교가 대중적일 것 같아요. 주변에 깨달음을 찾고 싶어 하는 친구들은 별로 없거든요. 그냥 원하는 일이 잘 풀리길 바라죠.

인정해, 엄마도 네 나이 땐 그랬으니까. 그런데 불교를 배울수록 부처님께서 왜 그토록 간절하게 깨달음 얻는 법을 설하셨는지 조금씩 감이 오는 거야. 그리고 기복 불교가 나쁘단 뜻이 아니라, 기복으로 불교를 믿더라도 불교의 궁극이 어디인지, 불상을 모시는 의미가 무언지 정확하게 알고 믿어야 한다는 얘길 하는 거란다.

알겠어요, 보이는 모습만으로 판단하면 늘 오류가 생기는 것 같아요.

약이색견아 若以色見我 겉모양에서 부처를 찾거나
이음성구아 以音聲求我 목소리로써 부처를 구한다면
시인행사도 是人行邪道 이는 삿된 도를 행하는 것이니
불능견여래 不能見如來 끝끝내 여래를 보지 못하리라.

〈금강반야바라밀경金剛般若波羅密經 사구게四句偈〉

넌 어떻게 생각해?

\# '우상' 하면 뭐가 떠오르니?

\# 시대마다, 혹은 나라마다 불상의 모습이 다른 이유는 무얼까?

엄마&아들

잘못된 믿음은 이성을 마비시키는 것 같아요

　　종교 없는 세상을 상상해보셨어요? 자살 폭파범도, 9.11 테러도, 마녀사냥도, 유대인을 '예수 살인자'라고 박해하는 일도, 종교가 다르다고 이웃을 살해하는 일도 없을 거예요.

　　어디서 많이 들어본 얘기 같은데?

　　맞아요, 『만들어진 신』이란 책에 나오는 얘기예요. 요즘 유럽은 테러가 일상이 된 거 같아요. 파리, 터키, 브뤼셀…. 그런데 거의 모든 테러가 종교색을 띠잖아요? 종교는 사람이 힘들 때 위로해주고, 우리 마음을 순화시키는 역할을 해야 하는 거 아닌가요? 그런데 왜 종교와 관련된 테러나 전쟁이 끊이지 않는 걸까요?

> 엄마&아들

🔊 종교는 힐링을 목적으로 하는 것은 아니야. 그 정도는 여행이나 음악, 혹은 친구나 노련한 심리 상담사도 해줄 수 있는 일이야. 지친 마음을 위로받을 목적으로 종교를 선택하면 안 돼.

🔊 그럼 어떤 목적으로 종교를 믿는 거죠? 보통 삶에 지치거나 상처 입었을 때 종교를 찾지 않나요?

🔊 물론, 삶의 난관이 종교에 입문하는 계기가 될 수 있어. 그럴 때는 종교에 의지하고 위로받기도 하지. 그렇지만 그게 종교의 목표가 되어선 안 된다는 얘길 하는 거란다. 종교는 부귀영화나 열렬한 사랑으로도 해결 안 되는 인간의 근본적인 고뇌를 해결해 줄 수 있어야 해. 우리가 왜 태어났는지, 왜 살아야 하는지, 사는 동안 무엇을 이루어야 하는지 등을 명확하게 제시해줄 수 있어야지.

🔊 하긴, 방학 때 친구들과 일본 여행 가니까 스트레스 싹 날아가던데요. 돌아오니 다시 취업 걱정하는 처지가 되긴 했지만요. 어쨌든 여행이 지친 마음을 위로해주는 건 맞아요. 그렇지만 종교 때문에 전쟁이나 테러가 일어나면 여행은커녕 일상이 다 파괴되잖아요? 최근 파키스탄 폭탄 테러는 어린이 공원을 공격했어요. 종교적 신념이 이성을 마비시키는 것 같아요. 도킨스 교수 말대로 신(神) 없이 인간끼리 사랑하고 협조하며 살아가는 편이 훨씬 평화롭지 않을까요? 결국 종교가 사라지면 인간 세계에 평화가 찾아오는 거죠.

넌 '신(神)에 대한 믿음'을 종교라고 생각하고 있구나?

 모든 종교가 각 종교별로 성(聖)스러운 대상을 믿고 따르잖아요? 기독교는 하나님을 믿고, 이슬람은 알라신을 믿고, 불교는 부처님을 믿고, 그게 종교의 기본 아닌가요?

 얼핏 보면 그렇게 보이지만, '믿음'에도 여러 종류가 있어. 그리고 신(神)과 부처님을 혼동하면 안 돼. 부처님은 천인사(天人師)라 해서 인간과 신들의 스승이시거든. 경전에 보면 부처님께서 설법하실 때는 인간뿐 아니라 천상의 신(神)들도 같이 와서 듣는다고 나와 있단다. 그리고 신(神)을 믿는 종교에선, 신과 인간은 영원한 주종관계(主從關係)로 설정되어 있어. 따라서 신에 대한 믿음 자체가 종교의 핵심 교리가 되는 거야. 인간은 신에게 절대복종해야만 하는 거지.

 그렇게 신에게 절대복종하면 인간은 어떤 이익을 얻게 되는 거죠?

 우선, 본인이 믿는 신의 능력 한도 내에서 가호(加護)를 받게 되는 거야. 왜 할리우드 영화에 보면, 주인공이 결전을 앞두고 가슴에 성호를 그리며 '신의 가호가 따르기를' 하는 장면이 나오잖아? 그리고 신의 말씀에 따라 살게 되면, 삶의 질을 높일 수도 있어. 예를 들면, 매일 술 마시고 때려 부수던 사람이 신앙을 가진 이후 술을 끊고 개과천선한다든가 할 수 있는 거지.

엄마&아들

🎧 그렇군요. 그러면 부처님을 믿을 땐 절대복종 안 해도 되는 거예요? 그리고 부처님을 믿으면 가호가 따르지 않나요?

🎧 절대복종이란 단어는 불교에선 낯선 말이야. 아무튼 불교는, 부처님과 인간을 주종 관계로 보지 않아. 주종 관계가 아니니까, 절대 복종이란 개념도 없는 거지. 비록 인간이 어리석어서 중생이 되었지만, 부처님 법을 배워서 청정한 마음을 회복하면 부처가 될 수 있다고 하시 거든. 그리고 부처님께 진심으로 귀의(歸依)하면 보호해주시니까, 그런 점은 걱정 안 해도 돼.

🎧 아, 다행이네요. 그렇다면 불교에서 말하는 믿음은 뭐지요?

🎧 부처님께서 '나를 믿고 따르라'고 선언하신 적은 없는 걸로 알고 있어. 팔만대장경 어디에도 그런 구절이 있다는 얘길 들어본 적이 없거든. 오히려 불교는 무조건적인 믿음을 맹신(盲信)이라고 하면서, 주의하라고 가르친단다. 부처님을 믿고 따르는 건 철저하게 우리의 몫인 거야. 무슨 말이냐 하면, 우리가 생로병사를 벗어나 진리에 들어가려면 부처님을 향한 진실한 믿음이 반드시 필요해. 반면, 부처님은 이미 다 이루신 분이라 우리가 따르든 안 따르든, 상관이 없으셔. 다만, 우리가 일체의 괴로움에서 벗어나고자 부처님을 진심으로 믿고 예불하면, 부처님께서는 그 방법을 가르쳐주고 그 길로 이끌어 주시는 거야.

불교에서 믿음은, 부처님의 명령이 아니라 우리 스스로가 배우기 위해 자발적으로 가져야 하는 태도라는 이야기인가요?

뭐, 그런 셈이지. 세상의 기술이나 학문을 배우려 해도, 선생님을 믿고 따라야 가르치고 배울 수 있잖아?

그렇다면, 부처님은 좀 냉정하신 거 아닐까요? '나를 따르면 이러저러한 이득이 있다.'라고 하시면서, 강하게 이끌어 주시면 더 좋잖아요?

부처님이 냉정하시다고? 말도 안 돼. 석가모니 부처님께서는 48년 동안, 인도 곳곳을 맨발로 걸어 다니시면서 무수한 중생들에게 법을 설하셨어. 냉정은커녕, 부처님의 자비심은 헤아리기 어려울 정도란다. 세상의 이치와 잘 사는 법을 끊임없이 설파하시면서, 우리 스스로가 각성하고 신심(信心)을 낼 수 있도록 이끌어 주신 거야.

부처님은 엄청 친절하신 분 같네요. 전 한여름에 에어컨 없는 곳엔 가기 싫던데. 그 뜨거운 인도 땅을 어떻게 걸어 다니셨을까요? 그냥 '나를 믿고 따르면 무수한 이득이 있으니까 무조건 믿어.'라고 처음에 선언하셨으면 부처님도 좀 편하지 않으셨을까요?

엄마&아들

🌸🔈 그랬을까? 그런데 타력에 의한 믿음으로 출발하는 공부는 한계가 있다고 알고 있어. 스스로 깨우쳐가며 진심으로 신심을 내야 최상의 깨달음을 얻을 수 있대.

🎧🔈 글자로는 똑같은 '믿음'인데 종교마다 개념이 많이 다른 것 같아요. 친구들 사이에서 종교 이야기가 나오면 '어떤 종교든 너무 빠지면 안 되고, 적당히 믿어야 한다.'라는 결론이 날 때가 많아요. 내 종교에 대한 강력한 믿음이 타 종교에 대한 적개심을 낳을까 봐 염려하는 것 같아요. 종교로 인해, 친구 사이에 벽이 생기면 곤란하니까요.

🌸🔈 그런 믿음은 맹신(盲信)이겠지. 맹신은 인간의 이성(理性)을 마비시키고, 심지어 인간을 종교 집단의 부속품으로 전락시키기도 해. 그러니까 자살 폭탄 테러를 하고, 내 종교를 믿지 않으면 죽이겠다는 발상이 나오는 거야.

🎧🔈 맹신은 정말 무서운 결과를 낳는 것 같아요. 내 종교를 믿지 않는다는 이유로 살인까지 저지른다면, 그건 거의 마피아급이잖아요? 조직을 지키고 키우기 위해, 타 조직을 와해시키기 위해 살인도 마다하지 않는 마피아가 연상돼요.

🌸🔈 그러고 보니, 유사한 면이 있네. 맹신에 대한 폐해가 크다 보니, 종교에 빠지지 말고 적당히 믿어야 한다고들 하지. 그런 생각할 만

해. 불교는 그 반대란다. 깊이 빠질수록 가치관이 뚜렷해지고 판단력이 정확해져. 무뎌져 있던 이성이 파랗게 날이 서고, 세상을 따뜻하게 봐 줄 수 있는 감성이 생겨나지. 그래서 엄마는 내 아들이 부처님 법에 깊이 빠졌으면 좋겠어.

세상에서 으뜸가는 재산

알라바카 야차는 다음의 시로써 부처님께 여쭈었다.
이 세상에서 사람에게 으뜸가는 재산은 무엇입니까?
어떠한 선행이 안락을 가져옵니까?
맛 중에서 참으로 맛있는 것은 어떤 것입니까?
그리고 어떻게 사는 것을 최상의 삶이라고 할 수 있습니까?

부처님은 대답하셨다.
이 세상에서 믿음이 으뜸가는 재산이다.
덕행이 두터우면 안락을 가져오고, 진실이야말로 맛 중의 맛이며,
지혜롭게 사는 것이 최상의 삶이라 할 수 있다.

사람은 무엇으로 생사의 거센 흐름을 건넙니까?
무엇으로 바다를 건너며 무엇으로 고통을 극복합니까?
그리고 무엇으로 완전히 맑고 깨끗해질 수 있습니까?

사람은 믿음의 힘으로 거센 흐름을 건너고,
정진으로 바다를 건너며,
근면으로 고통을 극복할 수 있고,
지혜로써 완전히 맑고 깨끗해진다.

― 〈숫타니파타〉 181~184 ―

넌 어떻게 생각해?

\# 신앙과 종교는 같은 걸까?

\# 맹신이 가져오는 부정적인 현상들에 대해 생각해 보자.

지옥은 나쁜 사람들만 가는 곳인가요?

🧑‍🦱🔊 연구실 선배가 불교 믿으면 지옥 간다고 하면서, 천국 갈 수 있는 종교에 같이 다니자고 하는 거예요. 그래서 불교를 제대로 믿으면 천상 세계에 갈 수 있으니까 걱정하지 말라고 했어요.

👩🔊 그 선배 말이 맞기도 해. 불교를 깊이 믿으면 지옥 가는 거 맞아.

🧑‍🦱🔊 말도 안 돼요. 석가모니 부처님도 도솔천에서 내려오신 거잖아요. 도솔천, 도리천 등 천상 세계도 여러 곳이 있고, 불교 공부하면 그런 곳에 갈 수 있는 것으로 알고 있는데, 불교 믿으면 지옥 간다고 하면 누가 부처님을 믿겠어요?

🌸 그렇지? 그래서 불교가 어려운 거야. 엄마도 처음엔 깜짝 놀랐으니까. 그런데 너 지장보살님에 대해 들어 본 적 있어?

🌸 글쎄요, 관세음보살님이나 문수보살님은 많이 들어본 이름인데, 지장보살님은 좀 생소해요.

🌸 지장보살님은 지옥에 떨어진 중생들을 전부 구제한 다음에 부처를 이루겠다고 서원을 세우신 분이야. 지장보살님도 관세음보살님만큼 유명한 분이셔. 중국과 우리나라에선 지장 신앙이 성행한 적이 있어. 지금도 사찰에 가면 지장전(地藏殿)이 따로 있을 정도로, 뭇사람들이 믿고 따르는 분이야.

🌸 그럼 지장보살님은 불교를 깊이 공부해서 지옥에 가신다는 건가요?

🌸 그래, 맞아. 네가 도와주고 싶은 친구가 있다고 치자. 그럴 때 친구 옆에 있어야 자세한 사정을 알고 필요한 도움을 줄 수 있지, 멀리 떨어져서 도와주긴 힘들잖아. 지장보살님도 지옥에 떨어진 중생을 건져주려고 당신이 직접 지옥에 가시는 거야. 지옥 중생과 동고동락하시면서 법문도 해주시고 도움도 주시면서 일깨워주시려고 가셨단다.

엄마&아들

🔊 그럼 일반인들이 지옥 가는 것과는 천지 차이네요. 지장보살님은 도리천 같은 곳에 충분히 가실 수 있는데, 일부러 지옥에 가시는 거잖아요? 어떻게 그럴 수가 있죠?

🔊 우리는 상상하기 힘든 자비심을 가신 분이지. 그러니까 뭇 중생들이 존경하고 따르는 거란다.

🔊 아무리 그래도 전 그렇게 못할 것 같아요. 지옥은 환경도 나쁘고 거기 사는 사람들 인성(人性)도 별로일 텐데, 어떻게 그런 결정을 할 수 있을까요?

🔊 만약에, 우리 가족 중에서, 너는 천상에 갈 자격이 되는데 나머지 5명은 선행보다 악행을 많이 저질러서 지옥에 가게 되었다고 치자. 그럼 너는 혼자 천상에 가서 완벽하게 행복할 수 있을까?

🔊 당연히 행복할 수 없겠죠. 우리 가족이 나쁜 곳에 가서 고생하는데, 저 혼자 좋은 데 갔다고 즐거울 리 없죠. 그렇지만, 천국이나 지옥에 가는 건 생전에 행한 대로 가는 거라 어쩔 수 없는 거 아닌가요?

🔊 만약, 선택할 수 있다면? 네가 그 순간에 천국과 지옥에 가는 것을 마음대로 선택할 수 있는 권한이 생긴다면?

음, 그렇다면 저는 가족과 함께 가는 쪽으로 선택할래요. 살기 힘들다 해도 가족끼리 돕고 의지하는 게 마음 편할 것 같아요. 혼자 황금 궁전에 가서 매일 고급 음식을 먹어도, 마음 편할 것 같지 않아요.

그래, 지장보살님은 중생을 진심으로 아끼시기 때문에 당신의 성불(成佛)을 미루면서까지 지옥에 가서 중생을 구제하시는 거란다. 그리고 지장보살님 정도로 수행을 하신 분들은 내세에 어디로 태어날지를 선택할 수 있는 능력을 갖고 계셔.

얼마든지 천상에 갈 수 있지만, 지옥을 선택할 수 있단 말씀이죠?

맞아, 일반인들은 살아생전에 마음 쓰고 행한 바대로 내세의 운명이 결정되는데, 불교를 깊이 공부해서 어떤 경지에 이른 분들은 마음대로 선택이 가능하단다.

그렇군요. 그런데 막상 지장보살님이 사람들을 구해주러 지옥에 가셨다 해도, 막상 지옥 생활을 하시다 보면 고통스럽지 않을까요? 저 같은 경우, 누구를 도와주려고 마음 냈다가도 막상 하다 보면 힘이 들 때가 있거든요. 그러면 속으로 '괜히 도와준다고 했나?'라는 생각이 들면서 후회하기도 해요.

> **엄마&아들**

🔵 보살들의 경지는 우리와는 차원이 다르단다. 우리가 타인을 돕겠다는 생각은 주관적인 내 기분인 경우가 많아. 지옥이 어떻게 생겼는지도 모르고 돕겠다고 따라가면 어떤 일이 일어날까? 그렇지만 지장보살님은 지옥이 어떤 곳인지 훤히 아시는 분이야. 그리고 지혜로운 분들은 어디를 가도 크게 괴롭지 않단다.

🔵 불교를 믿고 배운다 해도, 지옥에 태어나 중생 구제를 하겠다는 경지까지 가긴 어려운 거 아닐까요?

🔵 그럴 수도 있겠지. 만일 불교를 적당히 믿고 따르면 천상에 태어나겠지.

🔵 대부분의 불교 신도들은 그 정도를 원하지 않을까요? 중생 구제하러 지옥에 가겠다는 불교 신도가 얼마나 되겠어요?

🔵 지옥중생을 위해 헌신하게 될 때 얻어지는 가치가 따로 있어. 그걸 확실하게 알면 달라지겠지. 우리는 무조건 천상이 최고라는 고정관념이 있지만, 불교를 깊이 배우면 천상 이상의 경지가 있다는 걸 알게 돼.

🔵 천국은 막연히 좋은 곳이라고 알고 있지만, 사실 구체적으로 뭐가 좋은 거냐고 물으면 대답하기 힘들 것 같네요.

그래, 천국에 대해 알아야 해. 천국 가면 어떤 점이 좋은지, 한계가 있다면 무엇인지, 영원히 살 수 있는 건지 등등. 확실하게 알아야만 목표로 설정할 수 있는 거잖아?

그런 부분을 설명해 놓은 책이 있나요? 아니면, 누구한테 찾아가서 배우나요?

부분적으로 설명해 놓은 책들이 있을 거야. 그렇지만 정확하게 배우려면 실제 천국과 지옥을 자유롭게 오갈 수 있는 정도로 원력 있는 스승을 만나는 게 좋겠지.

그렇겠네요. 불교는 상식을 초월하는 개념이 너무 많은 것 같아요. 불교 믿으면 지옥 간다는 말이 무슨 뜻인지는 어렴풋이 감이 오긴 해요. 그렇지만, 너무 황당하기도 하고, 아무튼 불교는 풀기 어려운 문제 같아요.

처음엔 엄마도 그런 생각을 했었어. 그런데 하나씩 배워서 알아가는 재미가 크고, 또 그 배움이 쌓이면 세상을 바라보는 시각이 확장된단다.

불교 제대로 알면 지옥 간다

　누군가를 믿어서 천국에 가려는 마음과 중생을 구제하기 위하여 지옥에 가려는 마음은 근본 바탕이 서로 다르다. 전자는 나의 행복만을 구하는 마음이지만 후자는 나보다는 남의 행복을 소중히 생각하는 마음이다. 대부분 사람은 나의 행복만을 추구하기 때문에, 신을 믿어서 천국같이 살기 좋은 곳에 가기를 원한다. 이처럼 대부분 종교가 중생의 이기심에 부합하는 종교관을 가지고 있지만, 불교는 예외적으로 중생심을 정면으로 거부하는 종교관을 가지고 있다. 따라서 이기적인 중생심으로 불교를 이해하기란 쉽지 않다.

　이와 같이 불교가 다른 종교와 확연히 다른 종교관을 보이는 이유는, 가르침이 모든 상(相)을 초월한 진리의 관점에서 펼쳐지기 때문이다. 따라서 불교의 관점에서 보면 천국은 그리 갈 만한 곳이 아니며, 오히려 지옥에서 중생을 구제하는 것이 진정으로 가치 있는 일이다. 그러면 불교의 가르침은 어떠한 점이 다른 종교와 다른 것일까?

　대부분 종교에서는 사후에 좋은 곳에 가기 위하여 신을 믿고 섬기는데, 그 내면을 살펴보면 우리가 존재하고 있는 우주라는 현상계가 실재한다는 것을 전제로 하고 있다. 즉, 나라는 주체와 그 이외의 다른 것이라는 객체가 존재하는 상대적인 세계가 실제로 존재한다는 믿음을 바탕으로 종교관이 형성되어 있는 것이다. 이러한 상대적인 관점에서는 '나'라는 주체의 행복이 가장 중요한 이슈이다. 따라서 사후에도 내 영혼이 천국에 가서 행복한 삶을 누리는 것이 궁극적인 종교적 목적이 된다.

하지만 불교는 이 점에서 다른 종교와 확연히 다른 관점을 보인다. 상대적인 우주는 실재하지 않으며 다만 인연 화합으로 인하여 일시적으로 나타난 것이다. 따라서 불교의 관점에서 보면, 신을 믿고 섬겨서 내세에 좋은 곳으로 가거나 혹은, 사는 동안에는 신의 가호로 어려움을 당하지 않기를 바라는 종교관은 진정으로 행복을 구하는 것이 아니다.

-『생활속의 대자유』4권, 215쪽

엄마&아들

신이 우리 문제를 전부 해결해 줄 수 있나요?

리처드 도킨스는 자신의 저서 〈만들어진 신〉에서 신(神)이 없다고 주장하면서 오히려 신을 믿음으로써 일어났던 전쟁, 기아, 빈곤 문제를 일깨워주죠. 특히, 오랫동안 논쟁의 대상이었던 창조론과 진화론에 대해 생물학적 증거와 역사적 사실들을 넘나들며 창조론의 허구성을 조목조목 입증하는 내용이 특히 인상적이었어요. 그의 주장과 불교에서 말하는 무신론(無神論)이 같은 이야기인가요?

엄마도 그 책을 읽었지만, 리처드 도킨스는 '신이 존재할 가능성이 매우 낮다.'라고 말했을 뿐, '신은 단연코 존재하지 않는다.'라고 단언한 건 아니잖니? 그동안 신이 창조했다고 굳게 믿어왔던 여러 상황을 신이 창조한 것이 아님을 생물학과 물리학으로 증명해 보이면서, 굳이 신이 존재하지 않아도 된다는 사실을 알려준 정도지. 하지만 그것만

으로 신이 존재하지 않는다는 결론을 내릴 수는 없다고 생각해.
불교의 무신론은 리처드 도킨스 교수의 무신론과는 완전히 다른 개념이야. 불교의 무신론은 신이 없다는 게 아니라, 신은 존재하지만, 신앙과 믿음의 대상이 아니라는 뜻이야. 불교에서는 신도 중생이기 때문에 제도해야 할 대상으로 보는 거야. 실제로 불경을 보면, 부처님 설법을 듣기 위해 인간뿐 아니라, 범천, 제석천, 건달바, 아수라, 긴나라 등 온갖 신들이 자리를 잡고 앉아 법문을 듣는 장면들이 많이 나온단다.

그럼 부처님은 인간뿐 아니라 모든 신들의 스승이시네요….

그래. 여래십호명(如來十號名)이라 해서 부처님을 부르는 10가지 호칭이 있는데, 그중 하나가 천인사(天人師)란다. 부처님은 모든 신, 인간, 축생의 스승이란 뜻이란다.

초등학교 시절 역사 탐방 교실에 다닐 때, 유명한 사찰에 간 적이 많아요. 절에 가면 보통 산신각, 칠성각이 있었고, 그곳은 산신을 섬기는 곳이라는 설명을 들었던 기억이 나요. 불교는 신을 제도하는 종교라면서 왜 산신각을 만들어서 신을 섬기는 것을 장려하나요?

장려까지는 아니고, 산신각과 칠성각을 보면 부처님의 자비심을 느낄 수 있어. 본래 불교는 산신각과 칠성각과는 아무 상관이 없지. 산신과 칠성신 등은 우리 조상들이 예로부터 섬기던 토속신이야.

> 엄마&아들

그런데 불교가 우리나라에 전파되면서 우리 고유의 토착 신앙을 끌어안다 보니, 사찰 내에 산신각이나 칠성각이 자리 잡게 된 거란다. 불교와 토착 신앙을 비교하자면, 그 수준 차이가 하늘과 땅만큼 크단다. 그런데도 부처님은 토착 신앙을 무시하거나 없애지 않고 포용해가면서 불교를 가르치셨잖아? 훨씬 우월한데도 불구하고 열등한 대상을 밀어내지 않고 끌어안고 가며 이끌어주는 불교가 정말 대단하지 않니? 이 세상에 자기 종교가 최고라면서 타 종교를 배척하는 종교들이 수두룩하거든.

🔊 그렇군요, 그런데 산신이나 칠성신은 불교 안에서 어떤 역할을 하는 거지요? 그냥 단순히 토착신을 상징하는 것뿐인가요?

🔊 산신이나 칠성신도 살아생전에 좋은 일을 많이 한 덕분에 얻게 된 지위라고 알고 있어. 그리고 이분들은 각자 어떤 능력이 있어서 그 힘만큼 중생들을 도와줄 수 있단다. 이런 신들도 부처님께 귀의하여 불교 수행을 하면서, 한편으로는 불교를 공부하는 사람들을 보호하고 도와주기도 하는 거야.

🔊 부처님은 알면 알수록 굉장한 분이네요. 음…. 그러고 보니, 리처드 도킨스 박사는 불교에 관해서는 잘 모르는 것 같아요. 불교를 알았다면, 신(神)에 대해서도 정확하게 알았을 텐데 말이에요.

그럴지도 몰라. 하지만, 어릴 때부터 기독교 문화권에서 성장한 도킨스 박사가 신을 믿는 종교의 허구성과 모순을 이토록 논리적으로 파헤쳤다는 사실은 대단해. 학자로서는 정말 존경스러운 분이야.

저를 포함해서 사람들 대부분이 '신(神)은 전지전능하다'라고 알고 있어요. 그런데 '신도 중생이고 구제받아야 할 대상'이라 하니, 좀 어리둥절하긴 해요. 우리나라의 토착 신앙을 비롯하여 세계 각지에 신(神)을 섬기는 종교들이 많잖아요. 신(神)에게 뭔가 도움을 받는 면이 있으니까 그렇게 오랜 세월 동안 각지에서 사람들이 신을 섬겨 온 거 아닐까요?

신도 인간처럼 불완전한 존재란다. 다만 육신이 없기 때문에 인간일 때보다 능력이 월등하게 되는 거야. 그래서 어려울 때 신에게 빌면 도움을 받을 수가 있는데, 그런 도움도 그 신의 능력 한도 내에서 가능할 뿐이지 다 되는 건 아니야. 문제는 신에게 빌어서 도움을 받게 되면, 결국 신에게 지배받게 된다는 사실이지. 신도 중생인지라 사랑, 미움, 질투심이 있어서, 자기를 믿고 따르다가 다른 신을 섬기면 복수하기도 한단다. 그래서 어려운 일이 생기더라도 되도록 신에게 빌어서 해결할 생각하지 말고, 자신의 노력으로 타개해나가는 편이 좋은 거야.

> 엄마&아들

🎧 그렇군요. 그럼 부처님은 어떤가요? 만일 부처님을 믿고 따르다가, 부처님 대신 다른 신을 믿으러 가면 어떻게 돼요?

💭 부처의 자리는 움직이지 않는 자리로 알고 있어. 그리고 부처님은 사랑과 미움, 따름과 거스름 등의 상대적인 마음을 초월하신 분이야. 중생이 부처님을 따르든 안 따르든 개의치 않으시지. 그러면서도 중생을 괴로움에서 구해주기 위해 기다려 주시고 갖가지 방편으로 일깨워 주시는 분이지. 그리고 당신을 향한 믿음을 강요하지도 않고, 다른 종교를 믿으면 나쁜 일이 일어날 거라는 말씀도 안 하셔. 그래서 알면 알수록 부처님 앞에 저절로 고개를 숙이고 믿음이 깊어질 수밖에 없단다.

신의 세계

사람은 영혼(靈魂)과 육신(肉身)의 결합체이다. 일정 시간이 지나, 육신의 수명이 다하면 영과 육이 분리된다. 분리된 영혼은 영혼들이 모여 사는 세계로 이동하는데, 여기서 육신이 없는 영혼을 신(神)이라고 한다.

신(神)의 세계는 몇 가지 특성이 있다.

첫째, 신의 세계는 현상계의 복사판이다. 각 영혼은 생전에 갖고 있던 인식을 그대로 지니고 산다. 그리고 보이지 않는 영혼들로 만들어진 신의 세계는 직, 간접적으로 현상계에 영향을 미친다.

둘째, 신의 세계는 현상계와 마찬가지로 미완성의 세계이다. 약육강식(弱肉强食)의 법칙에 따라 강자가 약자를 지배하는 곳이다. 또한, 신들은 자신의 힘을 강화하기 위해 오랫동안 인간을 이용해왔다.

셋째, 신의 세계는 현상계와 달리 변화가 매우 느리다. 그래서 마음을 변화시키기 어렵고 결과적으로 영적 성장 속도가 더디다.

넷째, 신(神)들이 인간을 지배하는 가장 직접적인 방법은 인간의 육신에 들어오는 것이다. 이를 접신(接神), 혹은 빙의(憑依)라고 한다. 접신이 되면 육체적 정신적 고통이 크다.

다섯째, 모든 중생은 자신이 지은 업(業)에 따라 기약 없이 윤회하는데, 윤회의 주체가 바로 이 영혼이다.

─『삶과 영혼의 비밀』, 57쪽

넌 어떻게 생각해?

\# 신은 전지전능할까?

\# 무조건 신에게 의지하면 어떤 일들이 벌어질까?

종교를 과학으로 입증할 수 있나요?

🔊 지난달 모 일간지에 현각 스님 인터뷰 내용이 실렸는데, 불교는 종교가 아니라 과학이라는 거예요. 불교는 자기 마음을 찾아가는 '테크놀러지'라는 거죠. 예전에는 대중들의 지식이 짧아서 한문 경전을 모르다 보니 불교가 과학인 줄 모르고 신앙의 대상만 되었지만, 이제 정보화 시대라서 불교는 기복에서 벗어나 과학성을 되찾아야 된다고 주장하고 있어요. 얼핏 들으면 맞는 말 같기도 하지만, 불교가 과학이라면…. 스님들은 왜 예불을 드리고, 신도들은 왜 불상 앞에서 기도하고 절할까요?

🔊 우선 종교(宗敎)의 정의부터 알아야 할 것 같은데? 엄마가 배운 바로는 종교(宗敎)는 근본을 가르친다는 뜻이란다. 한자 뜻을 찾아보면 어느 정도 이해가 될 거야. (宗–근본, 敎–가르침)

> 엄마&아들

단언컨대 불교는 근본을 가르치는 본질에 가장 충실한 종교란다. 불교는 과학을 초월한 가르침이지만 과학에 부합하는 부분도 많단다. 현대에 양자역학과 천체물리학이 발전하면서 부처님이 말씀하신 우주의 모습이 과학적으로 검증되어 가고 있다고 이야기하는 학자들이 많아. 불교가 마음을 찾아가는 테크놀러지라면 차라리 심리학이나 철학에 가까운 것 아닐까? 불교에 대해 사람들은 "철학이다.", "과학이다.", "신앙이다." 등 다양한 표현을 한단다. 불교는 최고(最高)의 종교이기 때문에 철학, 과학, 신앙의 요소를 모두 담고 있단다. 깊고 방대하고 여러 단계가 존재하기에 보는 각도에 따라 다양한 모습으로 보이는 거야. 예를 들어 볼까? 시골 아낙이 아들 하나 점지해달라고 부처님 전에 100일간 지극 정성 빌어서 태몽을 꾸고 아들을 얻었다면, 그녀는 평생 불교를 기복 신앙으로 알고 어려울 때마다 부처님 앞에 달려가 기도하면서 살아가겠지. 만일 부부 갈등으로 이혼 직전까지 갔던 여인이 부처님 법문을 듣고 마음의 갈등을 풀었다면 그녀는 불교가 최고의 심리학이라고 생각할 거야. 또 천문학자가 경전에서 부처님께서 '우리 눈에 보이는 별이 이미 수만 년 전에 존재했던 죽은 별의 빛'이라고 말씀하신 걸 발견했다 치자. 그는 아마 부처님이 뛰어난 과학자라고 생각하지 않을까?

불교는 과학을 포함한다는 얘기네요. 중세시대에 지동설을 주장하다 사형당할 뻔했던 갈릴레오 이야기는 유명하죠. 그뿐이 아니에요. 중세엔 인체 해부도 금지되어 있었고, 지금도 창조론자들은 학교에서 진화론을 가르치면 안 된다고 주장하고 있어요. 이렇게 오랫동안 과학과 종교는 적대적인 관계를 유지해온 것으로 알고 있는데, 종교와 과학은 서로 관련이 없나요? 종교는 보이지 않는 세계를 다루고, 과학은 보이는 물질계를 다루니까 완전 별개로 봐야 할 것 같기도 해요. 과학은 명확한 분야를 다루는 반면, 종교는 뭔가 신비한 세계를 지향하는 것 같아요.

보이고 안 보이고의 차이가 뭐지? 1610년 갈릴레오가 천체망원경을 발명하기 전까지는 육안(肉眼)으로 볼 수 없는 모든 별이 '보이지 않는 세계'에 속했잖아? 허블 망원경을 하늘로 쏘아 올린 후에 새롭게 보게 된 광활한 우주의 모습은 또 어떻고? 과학이 발전하면 원시종교는 사라지는 법이야. 아득한 고대에는 태양, 달, 산과 같은 자연물을 섬겼잖아? 과학이 없던 때라, 자연의 힘 앞에 인간이 무력하던 시절이었으니까. 자연뿐 아니라 동물을 섬기기도 하고, 샤머니즘도 성행했었지. 마야, 잉카시대에는 태양신에게 산 사람의 심장을 바치는 의식이 있었던 걸 알고 있니? 지금 시각으로 보면 엽기 살인이지만, 그 시절엔 숭고한 종교의식이었던 거야. 그 시절에 인식이 뛰어난 선각자가 있어서 그 의식이 야만적인 행위라고 지적했다면 아마도 이단으로 배척받아서 죽음을 면치 못했겠지.

명백한 과학적 사실을 외면하는 종교는 결국 사라질 수밖에 없을 거 같아요. 그렇다면 불교는 어떤가요? 과학이 발전해가면서 뭔가 결함이 드러나지는 않나요?

> 엄마&아들

🔊 그 반대란다. 과학이 발전할수록 불교는 점점 진가(眞價)가 드러날 거야. 부처님은 2500년 전에 이미 삼천대천세계로 표현되는 은하계의 존재를 말씀하셨고, 우주가 어떤 원리로 이루어졌는지도 설명해놓으셨어. 그 시절 사람들 인시으로 이해하기엔 격차가 너무 크다 보니, 불교가 신비롭다, 터무니없다는 등의 반응이 나오는 거지.

🔊 그렇다면, 과학적으로 앞서나가는 서유럽이나 미국에서 불교가 더 각광받겠네요? 원래 그 나라들은 전통적인 기독교 국가들이잖아요?

🔊 20세기 최고의 학자 중 하나인 토인비가 말년에 옥스퍼드 학술회의에서, 20세기 인류의 가장 큰 사건이 무엇이냐는 질문에 '동양의 불교가 서양으로 건너와 기독교를 대체해버리는 일'이라고 대답했어. 청중들은 2차 세계대전이라든가 여성 인권 신장 등의 답변을 기대하다 전혀 예상치 못했던 뜻밖의 대답을 듣고 할 말을 잃어서 한동안 회의장이 고요해졌었대.

원래 뉴턴을 비롯한 서구 근대 과학자들은 신(神)이 창조한 세상을 제대로 알겠다는 취지로 과학연구에 매진했던 거야. 그런데 과학이 발전해서 우주의 실체가 드러날수록 창조론이 오히려 퇴색하게 됐으니, 아이러니라고 할 수밖에.

요즘 유럽과 미국의 지식인들 사이에 '불교 바람'이 불고 있다는 기사를 보았니? 뉴욕타임스의 베스트셀러 10위권 안에 지난 5년간 불교 관련 서적이 한 번도 빠진 적이 없었대. 미국에서 불교는 신도의 수로 볼 때,

기독교, 유대교 다음으로 세 번째로 규모가 큰 종교라는 거야.

그렇지만 불교는 너무 복잡하고 어려워 보여요. 기독교 문화권에서 나고 자란 사람이 불교를 제대로 배울 수 있을까요?

불교가 복잡하고 헷갈리는 이유는 단계별 구분 없이 뒤섞여 있어서 그럴 거야. 어떤 책엔 '영혼이 있다.'라고 했다가 다른 책엔 '영혼이 없다.'라고 하는 식이지.

그런데 한번 생각해보렴. 곱셈과 미적분이 같은 교과서에 실려 있다면 어떻겠니? 아마도 수학을 포기할 거야. 곱셈과 미적분 사이에 여러 단계가 있듯이, 불교도 기초부터 차근차근 단계적으로 배워 가면 불교의 참맛을 알 수 있게 될 거야.

> 넌 어떻게 생각해?
>
> \# 과학적으로 밝혀진 사실을 부정하는 종교가 있다면, 이 종교를 믿을 가치가 있을까?
>
> \# 과학이 발전해도 여전히 많은 사람들이 종교를 믿는 이유는 무얼까?

다시, 거울 앞에 선 너에게

엄마&아들

삶은 즐거움보다는 괴로움이 더 많은 것 같아요

🎧 고3 때는 대학만 들어가면 모든 일이 해결될 것 같았는데, 막상 대학생이 되니 군대, 취업, 인간관계 등등 복잡한 일투성이예요. 차라리 고3 때가 편했던 것 같아요.

🌸 지나갔으니까 그렇게 얘기하는 거야. 지금 고3 아이들이 얼마나 힘든 시간을 보내고 있는데…. 인생은 언덕을 하나 넘고 한숨 돌리는가 싶으면, 곧바로 더 높은 언덕이 나타나는 법이란다.

🎧 그런가요? 7포 세대라는 말 들어보셨어요? 결혼, 출산, 연애, 인간관계, 내 집 마련, 희망, 꿈까지 7개를 포기했다는 뜻이에요. 취업이 안 되니까 포기해야 할 대상이 점점 늘어나는 거죠. 요즘 친구들끼리 부모님 세대가 부럽다는 얘기를 많이 해요. 8-90년대는 우리

경제가 고속 성장할 때라 기회가 많았잖아요. 아빠, 엄마는 대학 다니면서 취업 걱정은 안 하셨지요?

그래, 우리 때는 전국 어디라도 대학만 졸업하면 취업은 다 하는 시절이었지. 대학을 굳이 안 가고 상업계 고등학교만 나와도 주요 은행에 취직할 정도였어.

제일 좋은 시기에 태어나신 것 같아요. 취업 걱정 없이 대학을 다녀야 낭만도 있고 연애도, 우정도 즐길 텐데. 저희 세대는 미래가 불확실하니까 대학 생활이 너무 팍팍해요.

그건 너무 치우친 생각 같은데? 우리도 그다지 낭만적인 대학 생활을 보내지 못했거든. 80년대에는 민주주의가 뿌리내리지 못한 과도기라서 사회가 어수선했었어. 사회에 관심 없는 개인주의자들도 한두 번쯤은 거리에 나가 시위를 하고 최루탄에 눈물 흘리던 시절이었단다. 대학 수업을 절반도 못 들었던 것 같아. 1987년에 6.29 선언을 앞두고 전국 거리마다 시위대로 넘쳐날 때, 하루 종일 종로에서 시위를 하던 아빠가 다칠까 봐 노심초사했던 기억이 아직도 생생해.

엄마 말씀을 들어보니 그 시절도 좋은 것만은 아니었네요. 할머니 세대는 일제 식민지부터 시작해서 6.25를 겪었으니…. 최악이었겠죠? 휴! 어느 세대든 어려움이 있네요.

2500년 전에 부처님께서 이미 '이 세상은 고통의 바다'라고 말씀하셨어. 사바세계라는 말 들어봤지? 사바세계는 고통을 참아야만 살 수 있는 세계란 뜻이야.

그건 너무 부정적인 세계관 아닌가요? 이 세상엔 여행, 친구, 스포츠 등등 즐거운 일이 얼마나 많은데요. 어려움도 있겠지만, 반면에 기쁘고 즐거운 일도 많은데 '고통의 바다'라고 단정 짓는 건 세상을 너무 비관적으로 보는 시각 같아요.

네 입장에서는 그렇게 보일 수도 있겠지만, 부처님께서 세상의 즐거움을 모르거나 외면하셔서 그렇게 말씀하신 건 아니야. 부처님은 이 세상 최고의 즐거움을 다 누려보신 분이란다. 조금 어려운 얘기지만, 부처님은 아무리 큰 즐거움일지라도 시간이 지나면서 괴로움으로 바뀌는 것들은 즐거움으로 인정하지 않으신단다. 예를 들어, 세계 최고의 미인도 나이가 들면 미모가 시들잖아? 그건 진정한 아름다움이 아니라는 거지.

부정적인 세계관이라기보다는 완벽주의자신 거네요. 시간이 흐르면 대부분 변하기 마련이잖아요?

부처님은 부정도 긍정도 아닌, 있는 그대로의 진실 자체를 알려주시는 분이야. 우리는 거짓일지라도 달콤한 얘기를 듣기 원하고,

때로는 그걸 희망이라고 포장하지. 그래서 부처님 말씀을 처음 접하면 거부감이 느껴질 수 있어. 내가 원하는 방향이 아니니까.

🎧 아무리 그래도 세상의 즐거움을 외면하라고 하시면 저희는 좀 곤란한데요? 그리고 어차피 나이 들어 외모가 시들 예정이니까 몸 관리도 안 하고 옷도 아무렇게나 입고 다닌다든지, 그렇게 살긴 싫어요.

💭 부처님께서 세상의 즐거움을 멀리하라고 하신 적 없어. 단지, 언젠가 그 즐거움이 괴로움으로 변하게 되어 있으니까 즐기되 괴로움에 대비하는 방법도 배우라고 하신 거야. 그리고 불교에 대해 단단히 오해하고 있는 것 같은데, 나이 들어 외모가 초라해지는 걸 알면서도 건강관리 하고 외모를 멋지게 가꾸는 데 최선을 다하는 게 불교야. 다만, 평생 젊을 줄 알고 외모 유지에만 전력을 쏟다가 나이 들어 외모는 시들고 정신은 아집과 독선으로 똘똘 뭉쳐있으면 얼마나 비참하겠어? 그렇게 살지 말라는 거야.

🎧 무슨 말인지 알 것도 같아요. 운동도 하고 외모도 가꿔야 하지만, 몸은 언젠가 늙게 되니까 불교 공부를 해서 정신 수준을 높여야 한다. 뭐 이런 뜻인 거죠? 그렇지만 세상은 우리에게 늘 '꿈과 희망'을 품으라고 얘기하는데, 인생이 '고통의 바다'라니 뭔가 우울해지는 기분이 들어요.

엄마&아들

🎤 엄마가 학생 시절, 장애인 시설에 의료 봉사를 다닌 적이 있어. 당시에 부모, 형제가 있는데 버려진 사람들은 법적 보호를 못 받기 때문에 더욱 열악한 시설에 살고 있었어. 그런데 그런 시설 이름엔 꼭 '희망, 소망, 사랑, 행복'과 같은 단어들이 들어가 있는 거야. 세상 가장 밑바닥에 행복이라곤 털끝만치도 없어 보이는 곳에 정반대의 뜻을 지닌 이름들이 붙어 있었던 거지. 왜 이런 얘기를 하냐면, 네가 앞으로 말이나 단어에 속지 않고 살았으면 해서야. 진짜 희망은 정확하게 아는 데서 출발하는 거야. 부처님은 세상의 실체를 정확하게 알려 주셨고, 나아가 그 이유와 해결 방법까지 제시해주셨어.

🎤 고통의 바다에서 벗어나는 방법을 알려 주셨다는 거죠? 그럼 부처님은 엄청난 희망을 주신 분이네요?

🎤 그래, 맞아. 엄마가 아는 한, 이 세상에 부처님보다 긍정적인 분은 없을 거야. 누구나 불성(佛性)이 있고 부처님 가르침을 배우고 실천하면 깨달음을 이룰 수 있다고 하셨어. 인류에게, 아니 모든 생명체에게, 최고의 희망을 안겨주신 분이란다.

생사의 맛과 근심스러움

어느 때 세존께서 기수급고독원에 계셨다. 세존께서 대중 가운데서 승광왕(勝光王)에게 말씀하셨다.

"대왕이여, 나는 대왕을 위하여 한 가지 비유로써 생사의 맛과 그 근심스러움을 말하리니, 잘 듣고 기억하시오. 한량없이 먼 겁 전에 어떤 사람이 광야에서 놀다가 사나운 코끼리에 쫓겨 황급히 달아나면서 의지할 데가 없었소. 그러다가 그는 어떤 우물이 있고 그 곁에 나무뿌리가 하나 있는 것을 보았소. 그는 곧 나무뿌리를 잡고 내려가 우물 속에 몸을 숨기고 있었소. 그때 마침 검은 쥐와 흰 쥐 두 마리가 그 나무뿌리를 번갈아 갉고 있었고, 그 우물 사방에는 네 마리 독사가 그를 물려고 하였으며, 우물 바닥에는 독룡이 있었소. 그는 그 독사가 몹시 두려웠고 나무뿌리가 끊어질까 걱정이었소. 그런데 그 나무에는 벌꿀이 있어서 다섯 방울씩 입에 떨어지고 나무가 흔들리자 벌이 흩어져 내려와 그를 쏘았으며, 또 들에서 불이 일어나 그 나무를 태우고 있었소."

왕은 말하였다.

"그 사람은 어떻게 한량없는 고통을 받으면서 그 보잘것없는 맛을 탐할 수 있었겠습니까?"

그때 세존께서 말씀하셨다.

"대왕이여, 그 광야란 무명(無明)의 긴 밤을 비유한 것이요, 검은 쥐와 흰 쥐는 밤과 낮을, 나무뿌리를 갉는 것은 찰나찰나 목숨이 줄어드는 것을 비유한 것이오. 그리고 네 마리 독사는 사대(四大 : 물질의 구성요소로 흙, 물, 불, 바람), 벌꿀은 오욕(五慾 : 식욕, 성욕, 권력욕, 명예욕, 수면욕), 벌은 삿된 소견, 불은 늙음과 질병, 독룡은 죽음을 비유한 것이오. 그러므로 대왕은 알아야 하오. 생로병사는 참으로 두려워해야 할 것이니, 언제나 그것을 명심하고 오욕에 사로잡히지 말아야 하오."

– 〈불설비유경〉 중에서

넌 어떻게 생각해?

\# 지금까지 가장 고통스러웠던 경험은?

\# 괴로움이 닥쳐왔을 때 어떻게 대처하는지 궁금해!

진짜 나다운 게 뭘까요?

🗨️ 페이스오프 수술이라고 들어보셨어요? 사고나 기형으로 얼굴을 잃은 사람들이 받는 안면 이식 수술이래요. 요즘 미국이나 유럽에서는 종종 하고 있나 봐요.

🗨️ 20년 전에 〈페이스오프〉란 영화가 있었어. 형사와 범죄자가 수술로 얼굴을 바꾼다는, 당시로서는 파격적인 소재였어. 그런데 얼마 전부터 그게 현실이 되었네.

🗨️ 얼마 전 미국에서 얼굴 기증자의 가족이, 기증받은 사람을 만나서 포옹하는 뉴스 장면을 봤어요. 기증자 가족의 입장에서 죽은 내 가족의 얼굴이 다른 사람의 얼굴이 되어 마주할 수 있다는 사실이 감격스러울 것 같기는 해요. 그런데 이 뉴스를 보다 보니 갑자기 '얼굴부터

엄마&딸

시작해서 육신이 모두 바뀌면, 그게 과연 나일까?'라는 생각이 드는 거예요.

🔊 얼굴이나 몸이 달라져도 당연히 나는 나지, 페이스오프 수술 안 해도 나이 들면 외모가 바뀌잖아?

🔊 그건 그렇죠. 그럼 내 가족의 얼굴이 타인에게 이식된 모습을 보고 감동하는 건 위안일 뿐이겠네요. 이미 그 얼굴의 진짜 주인은 죽었으니까요. 결국, 육체는 내가 아닌 거네요? 하지만 나의 눈, 코, 입이 사물을 보고, 냄새를 맡고, 음식을 맛본다고 생각하면 육신이 나인 것 같기도 해요.

🔊 그래, 충분히 헷갈릴 수 있는 문제야. 엄마도 처음에 불교를 배울 때 그 부분이 혼란스러웠어. 그런데 불교를 공부해 보니, 보고 듣고 느끼는 주체는 육체가 아니고 영혼이었어. 눈, 귀, 코 등 우리 감각 기관은 영혼이 보고 듣고 냄새 맡을 때 사용하는 기관이야. 물론, 그런 기관에 장애가 생겨서 기능적인 문제가 생기면 보고 들을 수 없게 되지. 하지만, 눈과 귀 등 육신이 완벽하다고 해도 영혼이 떠난 육체는 볼 수도, 들을 수도, 느낄 수도 없어.

🔊 결국, 나의 주체는 육체가 아닌 영혼이란 거네요?

정확하게 말해서, 인간은 육체와 영혼의 결합체란다. 육체가 존속하는 기간은 100년 남짓이지만, 영혼은 죽지 않아. 영혼은 생전에 마음 쓰고 행했던 바대로 각각 다른 세계로 간다고 알고 있어.

죽어 보지 않았는데 그 사실을 어떻게 받아들일 수 있죠? 영혼을 볼 수도 만질 수도 없는데요?

우리가 육신의 눈과 귀로 보고 들을 수 있는 대상은 한계가 있잖니? 청각만 해도, 아주 작은 소리나 큰 소리는 못 듣잖아? 우리는 지구가 자전하는 소리를 못 듣지만, 이 순간에도 지구는 돌고 있어.

그러네요. 영혼에 대한 이야기가 나오면 어쩐지 미신 같다는 선입견이 있나 봐요. 지구가 돈다는 건 분명한 과학적 사실이지만, 영혼이 존재한다는 건 왠지 비과학적이란 생각이 들어요.

이제까지 육신을 위한 공부만 해 와서 그런 거야. 엄마도 예전에 그랬었거든.

육신을 위한 공부요? 무슨 말인지 도통 모르겠어요.

대학 가고 취직하는 데 필요한 공부가 육신을 위한 공부이고, 내가 누군지 알아가는 과정은 영혼을 위한 공부라고 할 수 있지. 너

> 엄마&딸

도 아까 안면 이식 수술 얘기를 하면서 '진짜 나'가 누구인지 궁금해했잖아?

🧒 그럼 육신을 위한 공부는 중요하지 않나요?

🌸 무슨 소리? 사람이 육신과 영혼으로 이루어져 있는데, 육신과 영혼을 동시에 챙겨야지. 학생 때는 전공 공부에 매진해서 살아갈 능력을 갖추는 게 제일 중요하지. 20대 초반엔 육신을 위한 공부에 90% 비중을 두고, 10% 정도는 '나를 찾아가는 공부'에 투자했으면 좋겠어. 그러다 취업하고 나이가 들면 점차 영혼을 위한 공부 쪽으로 무게 중심을 이동했으면 해.

🧒 취업한 선배들 만나 보면 엄청 바쁜 것 같던데, 직장 다니면서 불교 공부를 병행할 수 있을까요?

🌸 2500년 전에 부처님께서 출가하셔서 온갖 고행 끝에 깨달으신 바를 설해주신 경전이 있어. 경전을 정확하게 설해주시는 스승을 만나 법문을 듣고, 불법을 현실에 적용시키는 방법을 배우면, 산중 출가해서 수십 년 혼자 노력한 것보다 더 많은 성과를 낼 수 있을 거야.

영혼의 실재

사람은 영혼과 육신으로 이루어져 있다. 우주에는 우주를 움직이는 기운이 있듯이, 인간에게는 육신을 움직이는 영혼이 있다. 영혼은 윤회하는 주체이기 때문에 영혼의 업보에 따라 축생 또는 인간 등으로 윤회한다.

본생경에 보면 석가모니 부처님도 사슴, 코끼리, 남성, 여성 등 수없이 환생하신 것으로 기록되어 있다. 그렇다면 그중 어떤 모습이 진정한 석가모니 부처님일까?

누구나 남자, 여자, 귀한 모습, 천한 모습을 반복하며 윤회한다. 육신의 모습은 윤회하면서 계속 바뀌기 때문에, 그중 어느 것도 진정한 자신이라고 할 수 없다. 남성, 여성, 축생 등으로 태어나는 것은 각각 상응하는 업보(業報)에 의한 것이다.

본래의 영혼은 남성, 여성, 축생 등 외형적인 모습으로 구별할 수 없다. 그런데 사람들은 육신이 자신인 줄 알고, 육신 위주의 삶을 살아간다. 그러나 마음을 닦아 영혼의 눈을 뜨면 육신이 내가 아님을 저절로 알게 된다. 그리고 영혼을 맑게 닦는 일이 얼마나 중요한 일인지 깨닫게 된다.

수행을 통하여 일정 경지에 이르면, 유체이탈(流體離脫)을 할 수 있다. 이를 통하여, 우주와 영혼의 세계를 경험할 수 있다. 또한, 삶과 죽음이 둘이 아님을 알게 되고, 육신은 본래 내가 아니며 단지 옷에 불과함을 알게 된다. 그리고 죽음은 육체와 영혼이 분리되는 것임을 알게 되면서, 삶에 대한 인식이 바뀐다.

— 『삶과 영혼의 비밀』, 32쪽

넌 어떻게 생각해?

\# 영혼이 있다고 생각하니?

\# 만약 있다고 생각한다면, 그 이유는?

\# 또 만약 없다고 생각한다면, 그 이유는?

엄마&아들

지금 이 순간을 잘 살려면 어떻게 해야 하나요?

🎧 제가 절에 다닌다고 하면 친구들은 신기하게 생각해요. 대학생이 무슨 절이냐고, 절은 어머니들이 소원 빌러 다니는 곳으로 알고 있어요.
불교 공부하러 간다고 말하면 불교 공부는 출가해서 머리 깎고 산에 들어가서 하는 거지, 우리 같은 일반인이 무슨 불교 공부냐고 해요.

🎧 엄마도 네 나이 때는 같은 생각이었어. 불교, 하면 두 가지 이미지가 떠오르잖아? 가족의 안녕을 위해 절하고 기도하는 어머니 모습과 삭발하고 승복 입은 엄숙한 스님들 모습, 이렇게 말이야. 부처님 시절에 불교를 가르치고 배우던 정사(精舍)는 산속에 있지 않고 사람들이 많이 사는 도시에 있었단다. 그리고 부처님 제자 중에는 삭발 출가한 분들과 더불어 재가(在家) 제자들도 많았어. 경전을 보면 금방 알

수 있어. 재가 제자 중에는 출가 사문들보다 뛰어난 분들도 많았던 거 같아. 유마거사 같은 분은 부처님 10대 제자들을 가르칠 정도였단다.

뜻밖이네요. 그런데 왜 우리나라 유명 사찰은 거의 산중에 자리 잡았나요? 그리고 깊은 산중에 칩거해서 혼자 몇십 년 동안 수행했다는 스님을 존경하는 분위기잖아요?

절이 깊은 산중으로 들어간 건 조선 시대 억불(抑佛)정책의 영향이지, 절이 처음부터 산중에 있었던 것은 아니야. 그리고 깊은 산중에 홀로 칩거해서 하는 좌선(坐禪)을 정중선(靜中禪)이라고 해, 인위적으로 환경을 고요하게 만들어서 깊이 사유하는 건데, 이런 수행법은 불교 공부의 과정이긴 하지만 최종목표는 아니야. 하루하루 복잡하게 사는 현대인에게는 고요한 산중에서 홀로 조용한 시간 보내는 자체가 선망의 대상일 수는 있겠지. 그렇지만 대승불교에서 추구하는 깨달음은 요중선(搖中禪)이라 해서, 환경과 상관없이 마음이 움직이지 않는 경지를 목표로 삼는단다. 시끌벅적한 시장에서 물건을 팔고 있어도 마음이 고요한 상태라면 바로 진정한 경지에 들었다는 거지.

그럼 템플스테이는 정중선(靜中禪)에 속하나요? 방학이나 휴가를 이용해서 출가 스님들과 똑같이 생활하는 프로그램 말이에요. '나를 찾는 여행'이라고 해서 많이들 참여하잖아요?

그래, 맞아. 정신없이 바쁜 일상을 떠나 고요한 산속에 앉아 새소리, 바람 소리와 벗해가며 조용한 시간을 보내고 싶은 로망은 누구나 가지고 있겠지. 그런 면에서 템플스테이는 현대인들에게 특별한 휴식 체험이 될 수 있을 거야. 하지만 템플스테이 동안은 고요한 상태가 되었어도 세상에 돌아오면 그 고요함은 곧 깨어지게 되어 있단다.

그럼 계속 산중에서 생활하면 고요함이 유지되겠네요? 그러면 산중 출가가 불교 공부하는 좋은 방법 아닌가요?

아까도 얘기했지만, 부처님께서 머무시고 설법을 하셨던 곳은 산속이 아니라 대도시였어. 도시에서 머무시면서 탁발과 걸식을 하시고 설법을 하셨단다. 그리고 설사 산중에 있으면서 계속 고요함이 유지된다 한들 그게 세상에 무슨 도움이 되겠니? 온 세상 사람들이 '고요함'만을 구하기 위해 하던 일을 내팽개치고 산중으로 들어가 버리면, 농사는 누가 짓고 질병은 누가 고치고 옷은 누가 만들지?

음…. 그런 생각은 미처 못 했어요. 그렇지만 농사짓고, 옷 만들고, 병 고치고 하는 일들은 다 세속적인 일이잖아요? 진짜 성스럽고 단계가 높은 분들은 세속을 떠나 산중에 계실 것 같은데요?

성스러움을 외형으로 판단하면 곤란해. 너 그런 식으로 생각하다간 사이비 종교에 속기 쉽겠는데? 부처님 법은 농사지어가며 깨달

엄마&아들

음을 얻고, 정치하며 깨달음을 얻고, 장사하면서 깨달음을 얻는 그런 법이란다. 그래서 불교는 남녀노소, 직업과 관계없이 누구나 해야 하고, 또 할 수 있는 공부야. 결코 현실을 외면하거나 버리지 않아. 부처님은 각자가 처한 현실을 출발선으로 삼아서 현실을 충실하게 풍요롭게 사는 방법을 가르쳐 주신단다. 동시에 우리의 정신을 깨우쳐 진리에 이르도록 이끌어주시지.

불교는 비현실적인 종교라고 생각해왔고, 현실을 버려야 높은 경지에 도달할 수 있는 건 줄 알았어요. 현실에서부터 출발하는 게 불교라니…. 뜻밖이기도 하고 새롭기도 하네요. 그럼 제가 해야 할 일은 뭐죠?

지금 너는 대학교 3학년, 능력을 키우는 데 전력을 다하는 시기야. 이 세상을 살아가려면 힘이 필요한데, 체력(體力), 학력(學力), 미력(美力), 재력(財力), 권력(勸力) 등 크게 다섯 가지 분야의 힘이 존재하지. 다섯 가지 중 최소 1~2개는 갖춰야 세상살이가 가능하고 많이 갖출수록 삶이 수월하단다. 힘을 갖춰야 좋은 일도 하고 세상에 기여할 수 있잖니? 대학생 시절은 체력과 능력을 집중적으로 키우는 시기야. 운동과 전공 공부, 외국어 익히기가 네가 해야 할 주된 일이지.

의외인데요? 엄마는 매일 새벽 기도를 하시고 경전을 읽으시잖아요? 저한테도 기도나 경전 읽기를 권유할 줄 알았어요.

　　20대는 힘 키우기에 집중해야 할 시기야. 불교는 기본 개념 정도만 알면 충분해. 본격적인 불교 공부는 어느 정도 힘을 갖춘 후에 단계적으로 해나가는 거란다. 엄마는 네가 20대 후반쯤엔, 본격적으로 불교에 입문할 수 있을 정도로 탄탄한 사회적 능력이 갖춰져 있길 기대하고 있어.

수행의 시작과 준비

부처님 경전을 공부하고 마음을 닦으려면 우선 수행하기에 좋은 환경을 갖추어야 한다. 주변이 어수선하고 걱정거리가 많으면 마음이 산란하여 수행에 대해 생각할 겨를이 없게 되기 때문이다. 그러면 어떤 환경을 갖추어야 할까?

첫째, 건강해야 한다. 질병이나 통증에 시달리게 되면, 자신을 돌아보거나 수행에 대해 생각할 여력이 없어진다. 또, 수행하다 보면 주변이나 내면으로부터 유혹이 뒤따른다. 특히, 처음에는 타성에 젖어있던 자신의 육체와 이를 통제하려는 정신 사이에 갈등이 유발된다. 이런 갈등을 극복하기 위해서 건강한 육신은 가장 기본적인 요건에 해당한다.

둘째, 사회적 능력을 갖추어야 한다. 세상을 살아가려면 적당한 부(富)가 필요하다. 음식과 잠자리가 없으면, 의식주 해결하기에 급급하여 하루하루 생존하느라 바쁜 일상을 보내게 된다. 이러한 상황에서 자신을 살펴보고 마음을 닦기는 매우 어렵다. 그러므로 현대사회가 요구하는 능력을 갖추어, 필요한 정도의 부(富)를 정당하게 얻을 수 있어야 한다.

셋째, 자신을 둘러싼 주위 환경을 잘 살펴야 한다. 가족, 친지, 친구, 이웃들을 돌아보고, 마음속에 걸리는 부분이 있다면, 먼저 다 털어내야 한다. 내가 잘못했지만 자존심 때문에 사과하지 못한 일이 있다면 먼저 찾아가 사과하고, 상대의 잘못이라면 다시 살펴서 이해하고 스스로 마음을 풀어야 한다. 이런 식으로 미운 사람은 자주 만나 미움을 버리도록 노력하고, 좋아하는 사람에게도 함부로 대한 적이 없는지 되돌아보는 등, 주변과 화합하여, 스스로 즐거운 마음이 되어야 한다.

 이처럼 주변을 밝고 편안하게 만듦과 동시에, 자신의 마음을 밝게 써 나가야 한다. 내 마음을 밝게 쓴다는 의미는 자신의 단점을 고치고 자신과의 싸움에서 이겨나가는 것을 뜻한다. 자신을 극복하면 마음이 즐겁고 편안해진다. 잘못된 행동이나 생각을 하면, 그 단점만큼 주위 사람들이 피하고 싫어한다. 주변에 사람이 없으니, 하는 일이 잘 안 풀린다. 만사가 뜻대로 안 되니 운명에 매달리게 되고 결국에는 스스로 나약해진다. 반대로 자신을 고쳐 나가는 일은 힘들지만, 하나씩 고쳐 가면 주변에 사람들이 많아지고 마침내 뜻하던 바가 잘 풀린다. 이처럼 자신을 극복해가면 의욕이 넘치고 밝아진다.

- 『생활속의 대자유』 1권, 219쪽

넌 어떻게 생각해?

\# 현실을 잘 살 수 있게 하는 종교와 현실의 삶을 파괴하는 종교는 어떤 차이가 있을까?

\# 불교가 비현실적이라고 생각해본 적 있니?

엄마&딸

왜 내 마음을 들여다봐야 하나요?

🔊 그 청바지, 고1 때 입었던 거 아니니? 몰라보게 날씬해졌네.

🔊 맞아요, 위염으로 두 달 고생했더니 6kg 빠졌어요. 아파서 빠진 거라서 별로 즐겁지도 않아요.

🔊 집 떠나서 고생이 많았다는 증거야. 그래도 살 빠진 덕에 못 입던 옷을 입을 수 있으니까 그걸로 위안 삼자. 이게 몇 년 만이니? 고등학교 입학 이후 계속 체중이 늘어서 교복도 2번이나 새로 샀었잖아?

🔊 아직 완전히 원상 복구된 건 아니에요. 그래도 옷 사러 가면 맞는 옷들이 많아진 건 좋아요.

🗨️ 하긴, 너 수능 끝나고 엄마랑 백화점에 옷 사러 가서, 입어보기만 하고 발길을 돌렸었잖아? 결국 늘 입던 후드 티 두어 개만 샀었어.

🗨️ 최고의 패션은 몸매라잖아요? 예쁜 옷을 입었는데 옷태가 안 나니 진짜 우울했어요. 왕년에 발레 할 때 제 모습이 떠올라서 슬프기까지 했어요.

🗨️ 맞아. 옷보다, 옷에 들어갈 몸이 중요하지. 몸매가 좋으면 청바지에 흰 티만 입어도 예쁘잖아?

🗨️ 완전 동의해요. 아파서 살이 빠진 거지만, 여세를 몰아서 예전 모습을 되찾아야겠어요.

🗨️ 그래, 단백질과 야채 위주로 먹고 운동해. 성공하면 예쁜 옷 한 벌 사 줄 테니까. 그런데 넌 외모만 가꾸고 마음은 그대로 두고 살 거니?

🗨️ 엄마가 그 얘기 하실 줄 알았어요. 불교는 흔히 마음공부 하는 거라고 들었어요. 살면서 마음을 긍정적이고 좋은 쪽으로 쓰면 되는 것 아닌가요? 굳이, 어려운 경전 읽고 새벽에 일어나서 염불 외우고 할 필요가 있나요?

> 엄마&딸

🌸 누구나 밝고 긍정적인 마음으로 살고 싶어 해. 하지만, 그게 마음대로 되지 않으니 괴로운 거야. 만일, 네가 진실하게 대해주었던 친구가 너를 배신하고 이용했다는 걸 알게 되면 밝은 마음을 유지할 수 있겠니? 또는, 아무 이유도 없이 너를 괴롭히는 직장 상사가 있다면?

🌸 쉽지 않을 것 같네요.

🌸 그런 일 겪으면 우선 크게 상처받고, 그 다음엔 보통 둘 중 하나로 대응하게 돼. 당한 것 이상으로 되갚아주거나 상대보다 힘이 없으면 할 수 없이 꾹 참는 거지. 문제는, 어떤 경우에도 마음이 증오심으로 어두워진다는 사실이야. 어두운 마음으로 세상을 살면, 주변 사람들이 다 싫어하게 되고 그럴수록 더 누군가를 미워하게 되고, 악순환에 빠지는 거지.

🌸 그럼 '마음공부'를 하면, 배신당하고 괴로운 일이 생겨도 마음을 밝게 지킬 수 있나요?

🌸 그러기 위해서 마음공부 하는 거야. 옷맵시가 좋으려면 옷 자체보다 그 안에 들어가는 몸이 중요하듯이, 행복한 인생을 살려면 몸보다 그 안에 깃들어 있는 마음이 훨씬 중요한 거야. 살다 보면, 별별 일이 다 생기기 마련인데, 그때마다 바른 판단을 하고 현명하게 대처하고 내 마음을 밝게 지키려면, 부처님 법을 반드시 공부해야 해.

- 마음공부가 그다지 쉬울 것 같지 않네요.

- 쉽다고 생각하면 큰 오산이야. 특별히 타고난 사람 아니면, 혼자 힘으로는 거의 불가능하다고 보면 돼. 현재의 나는 과거 여러 생 동안에 걸쳐 내 마음이 만들어낸 결과물이고, 지금 내가 마음을 내어 행동하는 것들이 쌓여 미래의 내 운명이 결정되는 거야. 이렇게 나의 과거, 현재, 미래를 모두 결정하는 주인공이 마음인데, 그게 그렇게 쉬운 공부겠어?

- 마음이 운명을 결정한다고요? 이해가 안 돼요. 운명을 결정하는 것은 성격, 능력, 외모, 가정환경 같은 것 아닐까요?

- 이해 안 가는 거 당연해. 엄마도 처음 배울 때 완전히 어리둥절했었거든. 오랫동안 법문을 듣고 기도하면서 마음이 어디 있나 찾아 헤맸는데, 이제야 어렴풋이 마음이 어디 있는지 알 것 같아. 그 과정에서 부처님께 신심이 깊어져서 마음이 자신의 운명을 만들었다는 사실을 믿게 된 거야. 또, 부처님 말씀대로 마음을 닦으면 행복해질 거란 확신도 생기고.

- 듣고 보니, 마음공부가 뭔지 개념을 잡는 데만도 시간이 꽤 걸릴 것 같네요. 저희는 학점 따고 취업 준비하느라 바쁜데, 대기업 들어간 선배들을 만나면 저희보다 두 배는 더 바쁘더라고요. 다들 이렇게

엄마&딸

바쁘게 사는데, 어려운 마음공부를 어떻게 하지요?

🌸 그래서 대승불교가 있는 거야. 모두 불교 공부한다고 산중에 들어가 경전 읽고 참선만 하고 있으면 누가 농사짓고 차 만들고 건물 짓겠니? 우리는 각자 세상 속에서 맡은 일 열심히 하면서, 불교를 깊이 공부해서 깨달음과 원력을 갖춘 전문가를 찾아가 배우면 되는 거야. 아무리 바빠도 한 달에 한두 번은 시간 낼 수 있잖아? 그렇게 배운 경전 내용을 깊이 사유해보고, 실행해가면서 터득하는 거야.

🌸 그 정도 시간은 낼 수 있을 것 같네요. 마음공부가 어렴풋이 중요할 것 같긴 하지만, 구체적으로 어떤 이익을 줄지에 대해 뚜렷하게 와닿지는 않아요.

🌸 그럴 수 있지. 20대엔 진로와 연애가 비중을 많이 차지하는 시기지만, 그래도 마음공부의 중요성 정도는 알고 있었으면 좋겠어. 왜냐하면 직업은 기껏해야 50년을 결정하지만, 마음은 수백, 수천 년의 미래를 결정짓는 주인공이기 때문이야.

모든 일의 근본, 마음

마음은 모든 일의 근본이 되어
주인으로 모든 일 시키나니
마음속에 악한 일 생각하면
말과 행동 또한 그러하리라.
그 때문에 괴로움은 그를 따르리
수레를 따르는 수레바퀴 자취처럼

마음은 모든 일의 근본이 되어
주인으로 모든 일 시키나니
마음속에 착한 일 생각하면
말과 행동 또한 그러하리라
그 때문에 행복은 그를 따르리
형체를 따르는 그림자처럼

― 〈법구경〉 1편 ―

넌 어떻게 생각해?

\# 즐거움과 괴로움은 어디에서 오는 걸까?

\# 마음은 어떻게 움직이는지 관찰하고 사유해 보자.

엄마&아들

살려고 노력하느라 진짜 살 시간이 없는 것 같아요

🎧 엊그제 동문회 가서 고기를 실컷 먹었어요. 60대 어르신까지 선배라니까 처음엔 좀 어색했는데, 우리한테 진짜 잘해주세요.

🎧 졸업생들이 다 나오진 않을 테고, 주로 어떤 선배들이 나오니?

🎧 아무래도 사회적, 경제적으로 자신 있는 선배들이 나오는 것 같아요. 대기업의 임원이나 연구원들? 늘 취업 걱정하는 우리 입장에선 정말 부러운 선배들인데, 막상 그분들 이야기 들어보면 갖가지 고충이 많은 것 같아요. 처음엔 바쁜 분들이 동문회 나온다는 게 신기했는데, 그분들은 후배들과 허심탄회하게 만나는 자리를 좋아하는 거 같더라고요.

🌸 그래, 이해해. 엄마도 10대 땐 명문대 입학하면 장밋빛 인생이 펼쳐질 줄 알았어. 그런데 그건 시작이었고, 취업, 결혼, 출산…. 무엇 하나 만만한 게 없었어. 이런 식으로 계속 더 높은 언덕들이 다양한 모습으로 나타나는 거야.

🌸 그런 거 같아요. 취업 안 되면 지옥에서 사는 거고, 취업 되면 전쟁터에 입성하는 거라잖아요. 취업해도 20년쯤 다니면 밀려나고 그러다 퇴직해서 우울하게 살다가 결국 죽는 건데, 이건 그나마 성실하게 잘 사는 사람들의 인생이잖아요? 그렇게 보면 삶이 무슨 의미가 있는지 모르겠어요.

🌸 살아야 할 이유를 모르고 살면 누구나 그 길로 가는 거야. 공부하랴, 돈 벌랴, 사람 만나랴 정신없이 살다 보면 어느덧 늙고 병들어 죽는 거야.

🌸 태어났으니까 사는 거 아닌가요? 부모님이 키워주셨으니 효도해야 하고, 자립해야 하니 취직해서 돈 벌고, 종족 번식도 하고, 기왕이면 세상에 뜻있는 일을 하면 더욱 좋은 거고…. 그 외에 또 다른 의미가 있나요?

🌸 근본적인 의미가 있지. 천상천하 유아독존(天上天下 唯我獨尊)이란 말 들어봤니?

> 엄마&아들

🎧 그럼요, 제가 불교 재단에서 운영하는 고등학교 나왔잖아요? 고등학교 때 법사 선생님께서 "천상천하 유아독존이 뭔지 아나?"라고 하시면서, "이 우주에서 나 자신이 가장 소중한 존재란 뜻이야. 그러니까 공부 못한다고, 돈 없다고 기죽지 말고 가슴 펴고 당당하게 살아라."라고 하셨어요.

💭 저런… 그럼 사기꾼이나 강도가 '내가 제일 소중한 존재니까 내가 저지른 일은 훌륭해.'라고 말해도 되겠네? 그건 부처님 말씀을 자기중심적으로 잘못 해석한 거야. 천상천하 유아독존에서의 아(我)는 '현재의 나'가 아니라 수행을 통해 진리의 자리에 들어간 '진짜 나'를 의미하는 거야. '진짜 나'야말로 가장 존귀한 존재란 뜻이고, 우리가 세상에 태어난 근본적인 이유는 이 '진짜 나'를 찾기 위해서란다.

🎧 '진짜 나'가 따로 있나 보죠? 그럼 '현재의 나'는 별거 아닌 건가요?

💭 '현재의 나'는 유한한 존재라서 고통이 많잖아. 몸이 있으니까 아프고 늙고, 마음이 있으니까 사랑과 미움에 사로잡혀 괴롭고, 인간은 영원한 젊음과 사랑을 꿈꾸지만 애초에 불가능하거든. 그런데 '진짜 나'를 찾으면 무한한 존재가 되는 거야. 부처님께서는 일찍이 이 경지에 드셨고, 우리에게 이 방법을 알려주시려는 거야.

그렇지만 '진짜 나'를 찾는 일을 인생의 목적으로 생각하는 사람은 별로 없는 것 같아요. 제 주변엔 주로 취업이나 연애 정도가 단기 목표거든요.

이 세상에 내려올 때, 누구나 '저기 가서 반드시 수행을 해서 나를 완성해야지.'라고 다짐한다는 거야. 그런데 막상 태어나서 돈 벌고 울고 웃으며 살다 보면 삶에 매몰되어 왜 태어났는지 까마득하게 잊어버리고 타성에 젖어 살아가게 되는 거야. 간혹 '왜 사는 거지?'라는 의문이 생겨도 가르쳐주는 사람이 없으니까 그냥 남들처럼 세상에 휩쓸려 살아가는 거야. 그러다 나이 들어 늙은 육신과 상처투성이인 마음만 남게 되면 허망하기 짝이 없고….

그런데 사실, 다들 바쁘잖아요? 대학생은 학점, 취업 준비, 알바 뛰느라 정신없고, 취업하면 야근에 회식에, 결혼하면 더 바쁘겠죠? 그러면서 부처님 법까지 공부한다는 건 쉽지 않을 것 같은데요?

「달라스 바이어스 클럽」이란 영화 봤지? 내용도, 배우들 연기력도 뛰어나서 다시 한번 보고 싶은 영화였어. 거기서 "살려고 노력하느라 진짜 살 시간이 없는 것 같다."란 대사 생각나니? 작가의 의도와 관계없이 그 대사가 가슴 찡했어. 정말 우리 대부분은 살려고 전력투구하느라 왜 사는지 돌아볼 겨를이 없어. 결국 죽는데 말이야. 진짜 삶이란, 왜 사는지, 어떻게 살아야 하는지를 배우고 실제로 그것을 이루어 가는 시간이란다.

| 엄마&아들 |

🗣️ 그럼 돈 벌고 친구 만나고 결혼하는 건 별 의미가 없다는 뜻인가요?

🗣️ 그렇지 않아. 그건 육신이 있는 한 누구나 해야 할 일이야. 이왕이면 열정적으로 돈 벌고 친구도 만나야지. 다만, 거기에 인생 전부를 바쳐선 안 된다는 거야. 부처님 법을 바르게 알면 생존도, 생존을 넘어서는 공부도 한꺼번에 다 성취할 수 있단다.

삶의 목적과 수행

　사람이 이 세상에 태어난 이유는, 변화하는 세상 속에서 자신을 변화시켜 완성하기 위함이다. 이 세상에 파묻혀 잘 먹고 잘 입고 번식하기 위함이 아니다. 이 세상에 존재하는 모든 대상은 시간이 흐르면 사라지므로, 여기에 집착하면 결국 괴로움에 빠진다. 따라서 육신을 유지하기 위한 일들과 더불어 영적 성장을 통하여 깨달음을 얻어야 한다. 깨달음만이 완전한 행복을 가져다준다.

　돈을 벌어 행복해지고자 하는 경우에도, 삶의 목적을 아는 사람과 모르는 사람과는 큰 차이가 난다. 예를 들어, 가난한 사람이 돈을 벌고자 행복을 찾아가는 방법을 세 가지로 나누어 살펴보자.

　갑은 돈을 벌고자 수단과 방법을 가리지 않았다. 거짓말, 사기 등 타인에게 해를 입혀가며 열심히 돈을 벌었다. 일시적으로 돈을 벌어 행복할 수 있겠지만, 오래가지 못한다.
　을은 가난을 면하고자 성실하게 일해서 검소하게 살아간다. 비록 시간이 많이 걸리지만, 을은 형편이 나아져서 점점 편안한 삶을 살게 된다.
　병은 가난하지만, 자신보다 더 딱한 사람들을 돌아보면서 매사 감사한 마음으로 살아간다. 타인을 이익되게 하려는 마음으로 직업을 행하고, 세상과 자신의 본질을 깨닫기 위하여 노력한다. 이렇게 살면 현실의 가난을 벗어나게 될 뿐 아니라, 영적인 발전도 함께 이루어 마음이 풍요로워지고 언젠가는 깨달음을 얻게 된다.

이처럼, 모두가 행복을 구하기 위하여 노력하지만, 삶의 목적을 알고 노력하는 것과 모르고 노력하는 것은, 천지 차이의 결과를 만들어낸다. 그러므로 진정한 행복을 얻기 위하여 무엇을 취하고 무엇을 버려야 하는지를 바르게 아는 것은 무척 중요한 일이다.

— 『생활속의 대자유』 1권, 43쪽

넌 어떻게 생각해?

\# 네가 원하는 20년 후의 너의 모습은?

\# 삶의 목적과 삶의 목표는 어떤 차이가 있을까?

오늘 하루는 모든 것을 바꿀 수 있는 기회란다

요즘 대학가에 취업 스터디를 빙자한 사이비 종교가 기승부리는 거 아세요? 제 친구도 당할 뻔했대요.

취업과 사이비 종교가 무슨 상관인데?

토익, 금융 등 취업에 필요하다 싶은 스터디가 개설되면 찾아가는 경우가 많아요. 특히, 3, 4학년들은 마음이 급하니까요. 그렇게 찾아가면, 스터디 선배가 '사주 한번 봐주겠다.'고 하는 거죠. 그러면서 '삼성 들어갈 사주가 아니니까, 같이 어디 가서 제사 한번 지내자.'라고 한대요. 그게 일종의 전도 수단인 거죠.

> 엄마&아들

🔊 그렇다고 대학생들이 그런 꼬임에 넘어가겠어? 엄마 같은 아줌마들이야 갖가지 인생 고민이 많으니까 용한 점집 찾아다니지만, 너희는 아직 그 정도는 아니잖아?

🔊 그렇지만, 저희도 삼성에 꼭 입사하고 싶은데 삼성 갈 사주가 아니라고 하면 솔깃할 수 있죠. 사주팔자란 단어는 마치 제사란 단어처럼 어릴 때부터 친숙한 단어거든요. 그런데 어머니는 사주팔자 볼 줄 모르세요? 한의사들 중에 사주팔자 보면서 치료하는 사람도 있다던데요?

🔊 한의대 다닐 때 주역 강의를 들으러 다녔었는데 너무 어려워서 중도 포기했어. 한의학 원서도 간신히 읽는 내 한문 실력으로는 무리였던 것 같아. 정 필요하면 전문가한테 찾아가서 사주팔자 물어보면 되지 뭐.

🔊 그런데 어머니는 점 보러 안 다니시죠? 친구들 이야기 들어보면 다른 어머니들은 종종 사주팔자나 점 보러 다니시는 것 같아요.

🔊 엄마도 불교를 배우지 않았으면 그런 거 꽤나 보러 다녔을 거야. 우리나라에 무당이 30만, 역술인이 30만이란 통계가 있어, 그들이 벌어들이는 복비만 해도 1년에 4조 내지 6조는 될 거래. 엄마 생각에는 우리나라 40대 이상 국민의 멘토는 역술인일 거야. 살다 보면 누

구나 선택의 기로에 서기도 하고 큰 난관을 만나는데, 그럴 때 대부분 역술인이나 용한 점집을 찾게 되거든.

　　사주팔자나 운명이 존재한다고 믿으세요?

　　당연하지. 설마 너 학교에서 안 배웠다고 사주팔자를 미신이라고 생각하는 건 아니겠지?

　　원래 사는 데 진짜 필요한 과목은 학교에서 안 가르치잖아요. 금융, 법률, 의학 등등이요. 사주팔자가 아무 근거 없는 맹탕이라면 역술인들이 그렇게 많이 존재하겠어요? 이 세상에 필요 없는 직업은 결국 소멸되기 마련이에요. 그런데 어머니는 부처님 가피 덕분에 어려운 일 없이 편하게 사니까 점집에 안 가신 거예요?

　　그렇기도 하고, 안 그렇기도 해. 애매한 대답이지? 사실, 엄마도 어찌할 수 없는 문제를 해결하고 싶어서 불교를 찾아온 거야. 그런데 부처님께서 깨끗하게 해결해 주셨고, 더 이상 괴로움을 겪지 않아도 되는 방법이 부처님 법 안에 있다는 걸 알려 주셨어. 불교 공부를 안 할 이유가 전혀 없잖아? 무조건 이득이니까. 생각해보면, 불법을 만난 이후엔 감당할 수 없을 정도의 힘든 일은 없었어, 부처님께서 미리 해결해주시는 느낌이랄까? 그 밖의 어려움은 법문을 듣고 사유해가며 해결할 수 있는 힘이 생겼고, 그러니 점집을 찾을 이유가 없었던 거야.

그럼 불교 공부를 하면 운명이 바뀔 수 있나요?

물론이지. 부처님께서는 각자의 운명을 만든 주체가 무엇인지, 그리고 운명을 바꾸고 개선하려면 어떻게 해야 하는지를 분명하게 제시해주셨거든.

그렇다면 지금 당장 현실이 어렵고 막막해도 좌절할 필요가 없겠네요. 부처님 법을 믿고 실행하면 얼마든지 운명이 바뀔 수가 있는 거니까요?

맞아, 그래서 부처님 법을 감로수에 비유하나 봐. 아무리 현실이 어려워도, 해결 방안이 분명하게 있다는 걸 알면 삶이 달라지는 거야. 모를 땐 그저 일상이 하루하루 버텨내는 시간에 불과하겠지만, 부처님 법을 알고 나면 오늘 하루가 모든 것을 바꿀 수 있는 또 다른 기회란 걸 알게 된단다.

운명은 존재하는가

　우리는 각자 전생의 업에 따라 정해진 운명을 타고난다. 그러나 내 팔자려니 하면서 매사를 수동적으로 받아들이는 것을 잘못된 태도이다. 자신이 과거에 행한 바에 의해 운명은 정해졌지만, 고통이 있으면 거기에서 벗어날 수 있는 반대급부가 반드시 존재한다. 지옥에 갔다 해도 천국으로 갈 수 있는 방법이 반드시 존재한다. 이는 이 세상의 원리이다.

　그리고 인간은 자유의지를 가진다. 모든 생명체는 자유의지와 더불어 업에 의한 운명을 함께 가진다. 자유의지를 강하게 발동시키면 운명은 바뀌게 되어 있다. 그러나 자유의지가 약하면 운명대로 살 수밖에 없다. 그러므로 아무리 괴로운 상황에 처했더라도 그저 운명으로 받아들이지 말라. 내가 그런 업을 지은 결과의 운명이지만 자유의지를 강하게 발동해서 운명을 바꾸고 전환하는 노력을 해야 한다.

　예를 들어, 배우자를 만나는 것도 다 인연에 의한, 업에 의한 만남이다. 결혼 생활이 너무 힘들면 '내 팔자려니…. 그냥 그런대로 한세상 살지 뭐.'라면서 포기하고 사는 사람들이 많다. 이들은 방법을 모르기 때문에 포기하는 것이다. 누구나 자유의지로 극복해나가면 고통을 전부 소멸할 수 있다. 그래서 자유의지는 무척 중요하며, 어떻게 자유의지를 구현해 가느냐가 중요하다.

서산 대사와 사명 대사의 유명한 일화가 있다. 서산 대사가 문지방에 발을 올려놓고 사명 대사에게 자기 발이 방 밖으로 나갈 것인지, 방안으로 들어올 것인지를 묻는다. 사명 대사가 '스님 마음이지요.'라고 답한다. 인연에 의해 행동하지만, 들어가고 나가고는 자유의지에 달려있는 것이지, 이미 결정된 것은 아니라는 뜻이다. 이처럼 인간의 자유의지는 그 어떤 운명도 구속할 수 없다.

― 『삶과 영혼의 비밀』, 25쪽

넌 어떻게 생각해?

\# 어렵거나 괴로운 일이 생겼을 때 너의 대처 방법은?

\# 생각을 바꾸었을 때 결과가 달라졌던 경험을 한 적이 있었니?

| 에
| 필
| 로
| 그

이 책은 월간 '생활속의 대자유'(2015~2018년)에 매달 연재했던 글을 모아 출판하게 되었습니다. '생활속의 대자유'는 대승불교양우회에서 발간하는 월간지입니다. 대승불교양우회를 통해 불교를 처음 접했던 20대 때는 불법의 가치를 잘 몰랐습니다. 내가 알던 불교와 너무 달라서, 그저 신기하고 흥미로웠을 뿐입니다. 그러다 직장, 결혼, 육아 등의 과정을 거치면서 부처님 가르침의 소중함을 알게 되었습니다. 미약하나마 불교에 호감을 가진 분들과 빛나는 가르침을 나누고 싶었습니다.

삶의 수단에 매몰되지 않고, 어떻게 살아야 할지, 무엇을 추구해야 할지를 끊임없이 깨우쳐주신 부처님과 스승님께 깊이 감사드립니다. 그리고 이 책을 출판해 주신 메이킹북스 장현수 사장님과 정성껏 도와주신 안지은 선생님과 안영인 선생님께 감사드립니다. 이 책을 출판할 수 있도록 격려해주신 최일님, 장은상님, 항상 제 옆에서 실질적인 도움을 아끼지 않았던 후배 이현주, 유인선에게 감사드립니다.

 또한, 육아와 살림에 아낌없는 지원을 퍼부어주신 두 어머님들(시어머님과 친정어머님)께 감사드리며, 나의 울타리이자 평생 파트너인 남편과 사랑스러운 세 아이들에게 이 책을 전하고자 합니다.

인용한 책들

『생활속의 대자유』 1~4권(비매품), 도서출판 양우

『삶과 영혼의 비밀』, 도서출판 양우

『진리로의 여행』, 생각의 길

월간 『생활속의 대자유』, 대승불교 양우회

참고한 불교경전

〈불설비유경〉

〈법구경〉

〈금강반야바라밀경〉

〈숫타니파타〉

〈수가장자설업보차별경〉

〈부모은중경〉

〈보왕삼매론〉